„BÜCHER SIND WIE FALLSCHIRME. SIE NÜTZEN UNS NICHTS, WENN WIR SIE NICHT ÖFFNEN."

Gröls Verlag

Redaktionelle Hinweise und Impressum

Das vorliegende Werk wurde zugunsten der Authentizität sehr zurückhaltend bearbeitet. So wurden etwa ursprüngliche Rechtschreibfehler *nicht* systematisch behoben, denn kleine Unvollkommenheiten machen das Buch – wie im Übrigen den Menschen – erst authentisch. Mitunter wurden jedoch zum Beispiel Absätze behutsam neu getrennt, um den Lesefluss zu erleichtern.

Um die Texte zu rekonstruieren, werden antiquarische Bücher von Lesegeräten gescannt und dann durch eine Software lesbar gemacht. Der so entstandene Text wird von Menschen gegengelesen und korrigiert – hierbei treten auch Fehler auf. Wenn Sie ebenfalls antiquarische Texte einreichen möchten, finden Sie weitere Informationen auf www.groels.de

Viel Freude bei der Lektüre wünscht Ihnen das Team des Gröls-Verlags.

Adressen

Verleger: Sophia Gröls, Im Borngrund 26, 61440 Oberursel

Externer Dienstleister für Distribution & Herstellung: BoD, In de Tarpen 42, 22848 Norderstedt

Unsere „Edition | Werke der Weltliteratur“ hat den Anspruch, eine der größten und vollständigsten Sammlungen klassischer Literatur in deutscher Sprache zu sein. Nach und nach versammeln wir hier nicht nur die „üblichen Verdächtigen“ von Goethe bis Schiller, sondern auch Kleinode der vergangenen Jahrhunderte, die – zu Unrecht – drohen, in Vergessenheit zu geraten. Wir kultivieren und kuratieren damit einen der wertvollsten Bereiche der abendländischen Kultur. Kleine Auswahl:

Francis Bacon • Neues Organon • **Balzac** • Glanz und Elend der Kurtisanen • **Joachim H. Campe** • Robinson der Jüngere • **Dante Alighieri** • Die Göttliche Komödie • **Daniel Defoe** • Robinson Crusoe • **Charles Dickens** • Oliver Twist • **Denis Diderot** • Jacques der Fatalist • **Fjodor Dostojewski** • Schuld und Sühne • **Arthur Conan Doyle** • Der Hund von Baskerville • **Marie von Ebner-Eschenbach** • Das Gemeindekind • **Elisabeth von Österreich** • Das Poetische Tagebuch • **Friedrich Engels** • Die Lage der arbeitenden Klasse • **Ludwig Feuerbach** • Das Wesen des Christentums • **Johann G. Fichte** • Reden an die deutsche Nation • **Fitzgerald** • Zärtlich ist die Nacht • **Flaubert** • Madame Bovary • **Gorch Fock** • Seefahrt ist not! • **Theodor Fontane** • Effi Briest • **Robert Musil** • Über die Dummheit • **Edgar Wallace** • Der Frosch mit der Maske • **Jakob Wassermann** • Der Fall Maurizius • **Oscar Wilde** • Das Bildnis des Dorian Grey • **Émile Zola** • Germinal • **Stefan Zweig** • Schachnovelle • **Hugo von Hofmannsthal** • Der Tor und der Tod • **Anton Tschechow** • Ein Heiratsantrag • **Arthur Schnitzler** • Reigen • **Friedrich Schiller** • Kabale und Liebe • **Nicolo Machiavelli** • Der Fürst • **Gotthold E. Lessing** • Nathan der Weise • **Augustinus** • Die Bekenntnisse des heiligen Augustinus • **Marcus Aurelius** • Selbstbetrachtungen • **Charles Baudelaire** • Die Blumen des Bösen • **Harriett Stowe** • Onkel Toms Hütte • **Walter Benjamin** • Deutsche Menschen • **Hugo Bettauer** • Die Stadt ohne Juden • **Lewis Caroll** • *und viele mehr….*

Victor Hugo

Lucretia Borgia

Drama

Übersetzt von Georg Büchner

Inhalt

Personen

Donna Lucretia Borgia

Don Alphons von Este

Gennaro

Gubetta

Maffio Orsini

Jeppo Liveretto

Don Apostolo Gazella

Ascanio Pertrucci

Oloferno Vitellozzo

Rustighello Astolfo

Die Fürstin Negroni

Ein Türsteher

Mönche, Edelleute, Pagen, Wachen

Venedig, Ferrara

Erste Handlung

Schande über Schande

Donna Lucretia Borgia – Gennaro – Gubetta – Maffio Orsini – Jeppo Liveretto – Don Apostolo Gazella – Ascanio Petrucci – Oloferno Vitellozzo – Don Alphons Von Este – Rustighello – Astolfo

Erste Abteilung

Eine Terrasse des Palastes Barbarigo zu Venedig. Ein nächtliches Fest. Masken gehen zuweilen über die Bühne. Zu beiden Seiten der Terrasse ist der Palast prächtig erleuchtet. Man hört den Ton von Fanfaren. Dunkel und Gesträuch decken die Terrasse. Man nimmt an, daß im Hintergrund unterhalb der Terrasse der Canal de la Zucca fließe; man siebt auf ihm zuweilen mit Masken und Musikern besetzte und halb erleuchtete Gondeln vorüberfahren. Jede dieser Gondeln fährt über den Hintergrund der Bühne unter einer bald gefälligen, bald traurigen Musik, die nach und nach in der Ferne verhallt. Im Hintergrunde Venedig vom Mondlicht beleuchtet.

Erste Szene

Junge Herren, glänzend gekleidet, die Masken in den Händen, plaudern auf der Terrasse. Gubetta. Gennaro, als Hauptmann gekleidet. Don Apostolo Gazella, Maffio Orsini, Ascanio Petrucci, Oloferno Vitellozzo, Jeppo Liveretto

Oloferno Wir leben in einer Zeit, worin so viel Schreckliches geschieht, daß man von diesem da nicht mehr spricht; aber gewiß, nie trug sich etwas Unheimlicheres und Geheimnisvolleres zu.

Ascanio Ein schwarzes Werk von schwarzen Händen vollbracht.

Jeppo Ich kenne die Tatsachen, meine Herren. Ich habe sie von meinem sehr ehrwürdigen Vetter dem Kardinal Carriola, der besser unterrichtet war, als sonst jemand. Ihr wißt ja, der Kardinal Carriola, der sich so heftig mit dem Kardinal Riario über den Krieg gegen Carl VIII. von Frankreich zankte?

Gennaro *gähnend:* Ah! jetzt wird uns Jeppo Geschichten erzählen. Ich für meinen Teil höre nichts. Ich bin müde genug ohne das.

Maffio Du kümmerst dich um diese Sache nicht, Gennaro, und das ist ganz natürlich. Du bist ein tapferer Soldat, ein Abenteuerer. Du führst einen Phantasienamen. Du kennst weder Vater, noch Mutter. An der Art, wie du deinen Degen führst, sollte man nicht zweifeln, daß du ein Edelmann bist, und doch weiß man nichts von deinem Adel, als daß du dich wie ein Löwe schlägst. Bei meiner Seele, wir sind Waffenbrüder, und ich sage dir das nicht, um dich zu kränken. Du hast mir das Leben zu Rimini gerettet, ich rettete dir es auf der Brücke von Vicenzia. Wir schwuren einander, uns in Gefahren, wie in der Liebe zu helfen, uns gegenseitig zu rächen, wenn es nötig sei, mit Niemanden zu streiten, als ich mit deinen und du mit meinen Feinden. Ein Astrologe hat uns geweissagt, daß wir am nämlichen Tage sterben würden, und wir haben ihm sechs Goldzechinen für die Prophezeiung gegeben. Wir sind nicht Freunde, wir sind Brüder. Doch endlich, du hast das Glück, ganz einfach Gennaro zu heißen, Niemanden anzugehören, nichts von dem oft erblichen Fatalismus, der sich an den Namen der Geschlechter knüpft, mit dir zu schleppen. Du bist glücklich! Was liegt dir an dem, was geschieht und was geschah, so lange es nur Männer für den Krieg und Weiber für den Genuß gibt? Was kümmert dich, Kind der Fahne, das weder Stadt, noch Familie hat, was kümmert dich die Geschichte der Städte und Familien? Mit uns, Gennaro, siehst du, ist's anders. Wir sind berechtigt, an den Ereignissen unserer Zeit Teil zu nehmen. Unsere Väter und Mütter spielten in diesen Tragödien mit und fast alle unsere Familien bluten noch. Erzähle uns, Jeppo, was du weißt.

Gennaro *wirft sich in einen Sessel, als wolle er sich dem Schlaf überlassen:* Ihr werdet mich aufwecken, wenn Jeppo fertig ist.

Jeppo Seht, es war (1480)...

Gubetta *in einem Winkel der Bühne:* 97...

Jeppo Ja recht so, 1497. In einer gewissen Nacht vom Mittwoch zum Donnerstag.

Gubetta Nein, vom Dienstag zum Mittwoch.

Jeppo Ihr habt Recht. In dieser Nacht also sah ein Tiberschiffer, der in seinem Fahrzeug am Ufer lag, um seine Waren zu bewachen, etwas Entsetzliches. Es war ein wenig unterhalb der Kirche des heiligen Hieronymus. Es mochten fünf Stunden nach Mitternacht sein, als der Schiffer im Finstern auf dem Wege links der Kirche zwei Männer sah, die ängstlich da und dort hin gingen. Dann kamen noch zwei andere und endlich drei; sieben in Allem. Einer davon war zu Pferde. Die Nacht war ziemlich finster. In den Häusern, die auf die Tiber gehen, war kein Licht mehr hell. Die sieben Männer näherten sich dem Ufer. Der zu Pferde wandte das Hinterteil seines Tieres nach der Tiber, und der Schiffer sah dann deutlich Beine, die auf der einen, Kopf und Arme, die auf der ändern Seite herunterhingen; es war die Leiche eines Mannes. Während nun ihre Kameraden die Gassenecken bewachten, nahmen zwei von denen, die zu Fuß waren, den toten Körper, schwangen ihn mit Macht zwei- oder dreimal und schleuderten ihn dann mitten in die Tiber. Im Augenblick, wo die Leiche auf das Wasser schlug, tat der zu Pferde eine Frage, worauf die beiden Andern antworteten: Ja, mein Herr! Alsdann wandte der Reiter sich wieder nach der Tiber und sah was Schwarzes, das auf dem Wasser schwamm. Er frug, was das sei. Man antwortete: Mein Herr, das ist der Mantel des toten Herrn. Und einer von dem Haufen warf Steine nach dem Mantel, so daß er untersank. Darauf gingen sie alle zusammen hinweg und schlugen den Weg nach St. Jakob ein. Das ist das, was der Schiffer gesehen.

Maffio Ein schauerliches Abenteuer! War es Jemand von Bedeutung, den diese Männer so ins Wasser warfen? Dies Pferd macht einen seltsamen Eindruck auf mich; der Mord auf dem Sattel und der Tod auf dem Kreuz.

Gubetta Auf dem Pferde waren die zwei Brüder.

Jeppo Wie Ihr sagt, Herr von Belverana. Die Leiche war Johann Borgia, der Reiter war Cäsar Borgia.

Maffio Eine Familie von Teufeln diese Borgia! Und sage mir, Jeppo, warum schlug der Bruder so den Bruder?

Jeppo Das werde ich Euch nicht sagen. Die Ursache des Mordes ist so abscheulich, daß es eine Todsünde sein muß, nur davon zu sprechen.

Gubetta Ich will es Euch sagen. Cäsar, Kardinal von Valencia, hat Johann, Herzog von Gandia, erschlagen, weil die bösen Brüder das nämliche Weib liebten.

Maffio Und wer war dies Weib?

Gubetta *immer in dem Hintergrund der Bühne:* Ihre Schwester.

Jeppo Genug, Herr von Belverana. Sprecht nicht vor uns den Namen dieses Ungeheuers aus. Es ist Niemand unter uns, dessen Hause es nicht eine tiefe Wunde hätte.

Maffio War nicht von einem Kinde dabei die Rede?

Jeppo Ja, von einem Kinde, wovon ich nur den Vater zu nennen wage; er hieß Johann Borgia.

Maffio Das Kind könnte jetzt ein Mann sein.

Oloferno Es ist verschwunden.

Jeppo Gelang es Cäsar Borgia, es der Mutter zu entziehen? Gelang es der Mutter, es Cäsar Borgia zu entreißen? Man weiß nicht.

Don Apostolo Wenn die Mutter ihren Sohn versteckt, so tut sie wohl daran. Seit Cäsar Borgia, Kardinal von Valencia, Herzog von Valentinois geworden ist, hat er, wie ihr wißt, ohne seinen Bruder Johann zu zählen, seine beiden Neffen. die Söhne des Guifry Borgia, Fürsten von Squillazzi, und seinen Vetter, den Kardinal Franz Borgia, getötet. Dieser Mensch hat die Wut, seine Verwandten zu morden.

Jeppo Wahrhaftig, er will der einzige Borgia sein, um alle Schätze des Papstes zu erben.

Ascanio Machte nicht die Schwester, welche du nicht nennen willst, Jeppo, zur nämlichen Zeit insgeheim eine Reise zum Kloster des heiligen Sixtus, um sich daselbst einzuschließen, ohne daß man wußte, warum?

Jeppo Ich glaube, ja! Das war, um sich von Herrn Sforza, ihrem zweiten Gemahl, zu trennen.

Maffio Und wie hieß der Schiffer, der Alles gesehen hat?

Jeppo Ich weiß nicht.

Gubetta Er hieß Giorgio Schiavone, und sein Gewerbe war, Holz auf der Tiber nach Ripetta zu führen.

Maffio *leise zu Ascanio:* Der Spanier da weiß mehr von unsren Geschichten, als wir andern Römer.

Ascanio *leise:* Ich traue so wenig als du diesem Herrn von Belverana. Aber gehen wir nicht tiefer darauf ein; es steckt Gleicht etwas Gefährliches darunter.

Jeppo Ich, meine Herren, in welchen Zeiten leben wir! Kennt ihr in diesem armen Italien, mit seinen Kriegen, seiner Pest und seinen Borgia, eine menschliche Kreatur, die sicher sei, ihr Übermorgen zu erleben?

Apostolo Übrigens, meine Herren! ich glaube, dass wir alle an der Gesandtschaft Teil nehmen sollen, welche die Republik von Venedig an den Herzog von Ferrara schickt, um ihm Glück zu wünschen, daß er den Malatesta Rimini wieder abgenommen. Wann reisen wir nach Ferrara ab?

Oloferno Bestimmt übermorgen. Ihr wißt, daß die beiden Gesandten ernannt sind. Die Wahl ist auf die Senatoren Tiopolo und Grimani, den General der Galeeren, gefallen.

Apostolo Wird der Hauptmann Gennaro mit uns gehen?

Maffio Ohne Zweifel! Gennaro und ich trennen uns niemals.

Ascanio Meine Herren, ich habe eine wichtige Bemerkung zu machen. Der spanische Wein wird ohne uns getrunken.

Maffio Gehen wir in den Palast zurück. He! Gennaro! *Zu Jeppo:* Er ist in der Tat über deine Geschichten eingeschlafen.

Jeppo So mag er schlafen.

Alle gehen weg, Gubetta ausgenommen.

Zweite Szene

Gubetta, Donna Lucretia, Gennaro schlafend

Gubetta *allein:* Ja, ich weiß mehr davon, als sie; sie sagten das ganz leise zu einander. Ich weiß mehr davon, als sie; aber Donna Lucretia weiß mehr, als ich; Herr von Valentinois weiß mehr, als

Donna Lucretia; der Teufel weiß mehr, als Herr von Valentinois, und der Pabst Alexander VI. weiß mehr, als der Teufel. *Indem er Gennaro betrachtet:* Wie das schläft, die jungen Leute!

Donna Lucretia *tritt ein, sie ist maskiert. Sie bemerkt schlafenden Gennaro und betrachtet ihn mit einer Art von Entzücken und Ehrfurcht:* Er schläft! Das Fest hat ihn gewiß ermüdet! Wie schön er ist! *Sie kehrt sich um.* Gubetta!

Gubetta Sprecht nicht so laut, Donna. Ich heiße hier nicht Gubetta, sondern Graf von Belverana, spanischer Edelmann; Ihr, Donna, seid die Marquise von Pontequadrato, eine neapolitanische Dame. Es darf nicht aussehen, als kennten wir uns. Hat es Eure Hoheit nicht so befohlen? Ihr seid hier nicht zu Hause, Ihr seid zu Venedig.

Lucretia Das ist wahr, Gubetta. Aber es ist Niemand auf dieser Terrasse, als der junge Mann da, und der schläft; wir können einen Augenblick plaudern.

Gubetta Wie es Eurer Hoheit beliebt. Ich habe Euch noch einen Rat zu geben; nehmt die Maske nicht ab, man könnte Euch erkennen.

Lucretia Und was läge daran? Wenn sie nicht wissen, wer ich bin, so habe ich nichts zu fürchten, und wenn sie es wissen, so mögen sie sich fürchten.

Gubetta Wir sind zu Venedig, Donna. Ihr habt hier Feinde genug, und diese Feinde haben die Hände frei. Die Republik von Venedig würde freilich keinen Angriff auf die Person Eurer Hoheit dulden; aber man könnte Euch beleidigen.

Lucretia Ah! du hast recht, mein Name macht schaudern in der Tat.

Gubetta Es befinden sich hier nicht nur Venetianer, es sind auch Römer da, Neapolitaner, Lombarden, Italiener aus ganz Italien.

Lucretia Und ganz Italien haßt mich! Du hast recht! Das muß gleichwohl anders werden. Ich war nicht geschaffen, Böses zu tun, ich fühle es jetzt deutlicher, als je. Das Beispiel meiner Familie hat mich fortgerissen. Gubetta!

Gubetta Donna!

Lucretia Überbringe der Herrschaft Spoleto sogleich die Befehle, die ich dir geben werde.

Gubetta Gebietet, Donna. Ich habe immer vier Maultiere und vier Renner gesattelt und gezäumt.

Lucretia Was hat man mit Galeas Accajoli gemacht?

Gubetta Er wartet im Gefängnis, bis Eure Hoheit ihn hängen läßt.

Lucretia Und Guifry Buondelmonte?

Gubetta Ist im Kerker. Ihr habt noch nicht befohlen, ihn zu erdrosseln.

Lucretia Und Manfredi von Curzola?

Gubetta Ist ebenfalls noch nicht erdrosselt.

Lucretia Und Spadacappa?

Gubetta Nach Eurem Befehl soll ihm erst auf Ostern in der Hostie Gift gegeben werden. Das wird in sechs Wochen geschehen, wir sind eben im Karneval.

Lucretia Und Peter Capro?

Gubetta Zur Stunde ist er noch Bischof von Pesaro und Erzkanzler, aber ehe ein Monat vergeht, wird er nichts sein, als ein wenig Staub; denn unser heiliger Vater, der Pabst, hat ihn auf Eure

Klagen verhaften lassen und hält ihn unter guter Aufsicht in den tiefen Kellern des Vatikans.

Lucretia Schnell! schreibe dem heiligen Vater, daß ich die Begnadigung des Peter Capro verlange! Gubetta, laß Accajoli in Freiheit setzen! In Freiheit den Manfredi von Curzola! in Freiheit den Buondelmonte! in Freiheit Spadacappa!

Gubetta Wartet! haltet! Donna! Laßt mich Atem schöpfen! Was sind das für Befehle! O du mein Gott! Es regnet Milde, es hagelt Gnade! Ich gehe in der Barmherzigkeit unter! Ich werde mich nie aus dieser schrecklichen Sündflut von guten Handlungen retten!

Lucretia Gut oder schlecht, was geht es dich an, wenn ich dir sie nur bezahle.

Gubetta Ach! Eine gute Handlung fällt einem viel schwerer, als eine schlechte. Ach, ich armer Gubetta! jetzt, da es Euch einfällt, barmherzig zu sein, was soll da aus mir werden?

Lucretia Höre, Gubetta, du bist mein ältester und treuster Vertrauter.

Gubetta Es sind wahrhaftig jetzt grade fünfzehn Jahre, daß ich die Ehre habe. Euer Mitarbeiter zu sein.

Lucretia Wohlan denn! Sprich Gubetta! mein alter Freund, mein alter Mitschuldiger, fängst du nicht an, das Bedürfnis eines neuen Lebens zu fühlen? Dürstest du nicht nach so vielem Segen für dich und mich, als wir Fluch uns geladen haben? Bist du noch nicht satt geworden am Verbrechen?

Gubetta Ich merke, Ihr seid auf dem Wege, die tugendhafteste Hoheit unter der Sonne zu werden.

Lucretia Liegt nicht unser Ruf, deiner und meiner, unser Ruf voll Schande, unser Ruf voll Mord und Gift, liegt er nicht schwer auf dir, Gubetta?

Gubetta Nicht im Geringsten. – Wenn ich durch die Straßen von Spoleto gehe, höre ich als wohl das Gesindel um mich summen: Hem, das ist Gubetta, Gubetta Gift, Gubetta Dolch, Gubetta Galgen! Denn sie haben meinem Namen einen ganz glänzenden Schwanz von Beiwörtern angehängt. Man sagt das Alles, und wenn es die Lippen nicht sagen, so sagen's die Augen. Aber was liegt daran? Ich bin an meinen schlechten Ruf gewöhnt, wie ein Soldat des Papstes an das Messelesen.

Lucretia Aber fühlst du nicht, daß die Last von verhaßten Namen, die man auf dich und auf mich wirft, Haß und Verachtung in einem Herzen wecken könnten, von dem du geliebt sein möchtest? Du liebst also Niemand auf der Welt?

Gubetta Ich möchte wohl wissen, wen Ihr liebt, Donna.

Lucretia Was weißt du? Ich bin offen gegen dich; ich spreche dir jetzt weder von meinem Vater, noch von meinem Bruder, noch von meinem Gemahl, noch von meinen Liebhabern.

Gubetta Ich sehe aber auch weiter nichts als das, was man liehen könnte.

Lucretia Es gibt noch sonst etwas, Gubetta!

Gubetta Aha! ihr macht Euch Eure Tugend aus Liebe für den lieben Gott zurecht?

Lucretia Gubetta, Gubetta! Wenn es heute in diesem Italien, m diesem unseligen, schuldbelasteten Italien ein edles und reines Herz gäbe, ein Herz voll hoher und männlicher Tugenden, das Herz eines Engels unter dem Panzer eines Soldaten; wenn mir nichts bliebe, mir armem, verhaßtem, verachtetem, verabscheutem, von den Menschen verfluchtem, von dem Himmel verdammtem Weibe, mir Elenden, so allmächtig ich bin; wenn mir in dem Jammer, worin meine Seele im Todeskampfe zuckt, nichts bliebe, als ein Gedanke, eine Hoffnung, ein Rettungsstrahl, nichts, als der Wunsch, vor meinem Tode einen kleinen Platz, Gubetta, ein wenig Zärtlichkeit, ein wenig Achtung in diesem so stolzen und reinen Herzen zu verdienen und zu erhalten; wenn ich keinen andern Gedanken hätte, als den Ehrgeiz, dies Herz frei und fröhlich auf dem meinigen schlagen zu fühlen: begriffest du dann wohl, Gubetta, warum ich mich eile, das Geschehene aufzuwiegen, meinen Ruf zu reinigen, alle Flecken, die an mir kleben, abzuwaschen und den Gedanken an Schande und Blut, den Italien mit meinem Namen verknüpft, in einen Gedanken an Ehre, Treue und Tugend zu verwandeln?

Gubetta Mein Gott, Donna, welchem Pfaffen habt Ihr heute auf die Füße getreten?

Lucretia Lache nicht. Es ist lange her, daß ich diese Gedanken hege, ohne sie dir zu sagen. Man kann nicht nach Belieben stehen bleiben, wenn man durch einen Strom von Verbrechen fortgerissen wird. Die beiden Dämonen streiten in mir, der gute und der böse; aber ich glaube, daß der gute endlich siegen wird.

Gubetta Und dann te deum laudamus, magnificat anima mea dominum! – Wißt Ihr auch, Donna, daß ich Euch nicht mehr begreife und daß Ihr seit einiger Zeit eine Hieroglyphe für mich geworden seid? Es ist jetzt ein Monat, daß Eure Hoheit mir ankündigt, sie wolle nach Spoleto reisen, und Abschied von Monsignore Don Alphons von Este, ihrem Gemahl, nimmt, der, beiläufig gesagt, gutmütig genug ist, um verliebt zu sein, wie eine Turteltaube, und eifersüchtig wie ein Tiger. Eure Hoheit verläßt also Ferrara und geht heimlich nach Venedig, fast ohne Gefolge, unter einem falschen neapolitanischen Namen, ich unter einem falschen spanischen; Eure Hoheit kommt nach Venedig, trennt sich von mir und befiehlt mir, sie nicht mehr zu kennen, und dann fangt Ihr an, unter dem Schütze des Karnevals, maskiert, verkleidet, Allen verborgen, auf den Festen, den Tänzen, den Tertullias herumzulaufen; sprecht mit mir jeden Abend kaum zwischen Tür und Angel und beschließt die ganze Maskerade mit einer Predigt, die Ihr mir haltet! Eine Predigt von Euch, Donna, ist das nicht seltsam und unerhört? Ihr habt Euren Namen gewechselt, Euer Kleid gewechselt, und jetzt wechselt Ihr Eure Seele! Bei meiner Ehre, das heiße ich den Karneval verzweifelt weit treiben, mir schwindelt. Und was ist die Ursache dieses Benehmens?

Lucretia *faßt ihn lebhaft beim Arm und führt ihn vor den schlafenden Gennaro:* Siehst du diesen Jüngling?

Gubetta Der junge Mann ist nichts Neues für mich, ich weiß, daß Ihr ihm unter Eurer Maske nachlauft, seit Ihr zu Venedig seid.

Lucretia Was sagst du dazu?

Gubetta Ich sage, daß es ein junger Mensch ist, der auf einer Bank schläft und der stehend schlafen würde, wenn er nur ein Drittel von dem moralischen und erbauenden Gespräch gehört hätte, das ich eben mit Eurer Hoheit führte.

Lucretia Findest du ihn nicht sehr schön?

Gubetta Er würde schöner sein, wenn er die Augen nicht geschlossen hätte. Ein Gesicht ohne Augen ist ein Palast ohne Fenster.

Lucretia Wenn du wüßtest, wie ich ihn liebe!

Gubetta Das geht den Don Alphons, Euren königlichen Gemahl, an. Ich muß Eure Hoheit gleichwohl benachrichtigen, daß sie sich umsonst bemüht. Dieser junge Mann liebt, wie man mir sagt, ein junges hübsches Mädchen, Namens Fiametta.

Lucretia Und das junge Mädchen liebt ihn?

Gubetta Ja, wie man sagt.

Lucretia Desto besser, ich wünsche so sehr, ihn glücklich zu wissen.

Gubetta Das ist sonderbar und nicht in Eurer Art. Ich hielt Euch für eifersüchtiger.

Lucretia *indem sie Gennaro betrachtet:* Welch edle Gestalt!

Gubetta Ich finde, daß er Jemand gleicht…

Lucretia Nenne mir den nicht, dem du ihn ähnlich findest! – Laß mich!

Gubetta geht ab. Donna Lucretia bleibt einige Augenblicke wie entzückt vor Gennaro stehen; sie bemerkt zwei maskierte Männer nicht, welche in den Hintergrund der Bühne treten und sie beobachten.

Lucretia Das ist er also! Endlich ist es mir vergönnt, ihn einen Augenblick ohne Gefahr zu sehen! Nein, ich hatte ihn nicht schöner geträumt. O Gott, spare mir die Qual, je von ihm gehaßt oder verachtet zu werden, du weißt, er ist Alles, was ich unter dem Himmel liebe! Ich wage die Maske nicht abzunehmen, und doch muß ich meine Tränen trocknen.

Sie nimmt die Maske ab, um sich die Augen zu trocknen. Die beiden maskierten Männer sprechen leise mit einander, während sie die Hand des schlafenden Gennaro küßt.

Erste Maske Das ist genug, ich kann nach Ferrara zurückkehren. Ich war nur nach Venedig gekommen, um mich von ihrer Untreue zu überzeugen, ich habe genug gesehen; ich kann nicht länger von Ferrara abwesend bleiben. Dieser junge Mann ist ihr Geliebter. Wie nennt man ihn, Rustighello?

Zweite Maske Er heißt Gennaro. Ein Hauptmann, ein tapfrer Abenteurer, der weder Vater noch Mutter hat, ein Mensch, von dessen Herkommen man nichts weiß. Er steht im Augenblick im Dienste der Republik Venedig.

Erste Maske Sorge, daß er nach Ferrara kommt.

Zweite Maske Das macht sich von selbst, Monsignor. Er reist übermorgen mit einigen seiner Freunde, die zur Gesandtschaft der Senatoren Tiopolo und Grimani gehören, nach Ferrara.

Erste Maske Gut. Die Berichte waren genau. Ich habe genug gesehen, sage ich dir, wir können wieder abreisen. *Sie gehen ab.*

Lucretia *faltet die Hände und kniet vor Gennaro fast nieder:* O mein Gott, möge er so glücklich sein, als ich unglücklich war! *Sie küßt Gennaro auf die Stirne, er erwacht und springt auf.*

Gennaro Ein Kuß! Ein Weib! – Auf Ehre, Donna, wäret Ihr Königin, und wäre ich Dichter, so wäre das wahrhaftig das Abenteuer des Herrn Alain Chartier, des französischen Poeten. Aber ich weiß nicht, wer Ihr seid, und ich bin nichts als ein Soldat.

Lucretia Laßt mich, Signor Gennaro.

Gennaro Nicht doch, Donna.

Lucretia Man kommt! *Sie entflieht, Gennaro folgt ihr.*

Dritte Szene

Jeppo, dann Maffio

Jeppo *tritt auf der entgegengesetzten Seite herein:* Was ist das für ein Gesicht? Sie ist es! Dies Weib zu Venedig! He! Maffio!

Maffio *tritt ein:* Was gibt's?

Jeppo Ich will dir was Unerhörtes sagen. *Er spricht leise mit Maffio.*

Maffio Und weißt du das sicher?

Jeppo So sicher, als wir hier im Palast Barbarigo und nicht im Palast Labbia sind.

Maffio Sie hatte ein verliebtes Gespräch mit Gennaro?

Jeppo Mit Gennaro.

Maffio Ich muß meinen Bruder aus diesem Spinnennetz ziehen.

Jeppo Komm, wir wollen unsre Freunde davon unterrichten.

Sie gehen ab. Die Bühne bleibt während einiger Augenblicke leer. Man sieht nur von Zeit zu Zeit im Hintergrunde des Theaters Gondeln unter Musikbegleitung vorüberfahren. Gennaro kömmt mit Lucretia zurück, sie ist maskiert.

Vierte Szene

Gennaro, Donna Lucretia

Lucretia Die Terrasse ist finster und verlassen. Ich kann die Maske hier abnehmen. Ihr sollt mein Gesicht sehen, Gennaro. *Sie nimmt die Maske ab.*

Gennaro Ihr seid sehr schön!

Lucretia Sieh mich scharf an, Gennaro, und sage mir, ob ich dich nicht schaudern mache!

Gennaro Ihr mich schaudern machen! Und warum? O, im Gegenteil, im Tiefsten meines Herzens ist etwas, das mich zu Euch zieht.

Lucretia Und glaubst du wohl, daß du mich lieben könntest, Gennaro?

Gennaro Warum nicht? Dennoch, Donna, ich bin aufrichtig, es wird doch immer ein Weib geben, das ich mehr liebe, als Euch.

Lucretia *lächelnd:* Ich weiß, die kleine Fiametta!

Gennaro Nein.

Lucretia Wer denn?

Gennaro Meine Mutter.

Lucretia Deine Mutter! Deine Mutter! O mein Gennaro! Du liebst also deine Mutter, ist es nicht so?

Gennaro Und doch habe ich sie niemals gesehen. Kommt dies Euch nicht sehr sonderbar vor? Seht, ich weiß nicht, was mich treibt. Euch zu meiner Vertrauten zu machen. Ich will Euch ein Geheimnis sagen, das ich noch niemand sagte, nicht einmal meinem Waffenbruder, nicht einmal Maffio Orsini. Das ist seltsam, sich dem ersten Besten so zu überlassen, aber es ist mir, als hätten wir uns nicht zum erstenmale getroffen. – Ich bin Hauptmann, weiß nichts von meiner Familie und wurde in Calabrien von einen Fischer erzogen, für dessen Sohn ich mich hielt. Am Tage, wo ich 16 Jahre alt war, sagte mir der Fischer, daß er mein Vater nicht sei. Einige Zeit darnach kam ein Herr, der mir die Rüstung eines Ritters anlegte und wegging, ohne das Visier seines Helmes aufgeschlagen zu haben. Darauf brachte mir ein schwarz gekleideter Mann einen Brief; ich öffnete ihn. Meine Mutter war es, die mir schrieb, meine Mutter, die ich nicht kannte, meine Mutter, von der ich träumte, wie sie gut sei, sanft, zärtlich, schön wie (Ihr), meine Mutter, die ich mit ganzer Seele anbetete! Aus diesem Brief erfuhr ich jedoch, ohne daß man mir einen Namen angab, daß ich adelig und aus einem großen Geschlechte sei und daß meine Mutter sehr unglücklich wäre. Arme Mutter!

Lucretia Guter Gennaro!

Gennaro Seit dem Tage lief ich nach Abenteuern, weil ich durch meinen Degen so gut etwas werden wollte, als durch meine Geburt. Ich durchstrich ganz Italien. Aber den ersten Tag jedes

Monates, wo ich auch sei, sehe ich immer den nämlichen Boten kommen. Er bringt mir einen Brief von meiner Mutter, nimmt meine Antwort und geht. Er sagt mir nichts und ich sage ihm nichts, denn er ist taub und stumm.

Lucretia So weißt du also nichts von deiner Familie?

Gennaro Ich weiß, daß ich eine Mutter habe, und daß sie unglücklich ist, und daß ich mein Leben in dieser Welt darum geben würde, sie einmal weinen, und mein Leben in der anderen, sie einmal lächeln zu sehen. Das ist Alles.

Lucretia Was machst du mit ihren Briefen?

Gennaro Ich habe sie alle da auf meinem Herzen. Wir Kriegsleute wagen unsre Brust oft gegen eine Degenspitze. Die Briefe einer Mutter sind ein guter Harnisch.

Lucretia Edle Natur!

Gennaro Seht, wollt Ihr auch ihre Schriftzüge sehen? Da ist einer von ihren Briefen. *Er zieht ein Papier aus dem Busen, küßt es und gibt es der Donna Lucretia.*

Lucretia *liest:* "Mein Gennaro, suche nicht mich kennen zu lernen vor dem Tage, den ich dir bestimmen werde. Ich bin sehr zu beklagen. Ich bin von erbarmungslosen Verwandten umgeben, die dich töten würden, wie sie deinen Vater getötet haben. Ich, mein Kind, will allein um das Geheimnis deiner Geburt wissen. Wenn du es wüßtest! Doch das ist zugleich so traurig und so glänzend, daß du nicht schweigen könntest. Die Jugend ist zutraulich, die Gefahren, die dich umgeben, kennst du nicht, sowie ich sie kenne. Wer weiß? du würdest ihnen aus jugendlichem Übermute trotzen wollen. Du würdest sprechen oder dich erraten lassen, und dann keine zwei Tage mehr leben. O nein! Begnüge dich mit der Gewißheit, daß du eine Mutter hast, die dich anbetet und Tag und Nacht über dein Leben wacht. Mein Gennaro, mein Sohn, du bist Alles, was ich auf Erden liebe, mein Herz schmilzt, wenn ich an dich denke.“ *Sie hält ein, um eine Träne zu verschlucken.*

Gennaro Wie gefühlvoll Ihr das lest! Man sollte meinen, Ihr läset nicht, sondern Ihr sprächet. – Ach! Ihr weint! Ihr seid gut, Donna, und ich liebe Euch, weil Ihr um das weint, was meine Mutter geschrieben. *Er nimmt den Brief, küßt ihn und steckt ihn wieder in den Busen.* Ja, Ihr seht, es gab Verbrechen genug um meine Wiege. Meine arme Mutter! Nicht wahr, jetzt begreift Ihr, warum ich mich wenig um Galanterien und Liebeshändel kümmere? wie ich nur einen Gedanken im Herzen habe, meine Mutter! Ach, meine

Mutter befreien, ihr dienen, sie rächen, sie trösten! Welch' Glück! Dann will ich an Liebe denken! Alles, was ich tue, tue ich, um meiner Mutter würdig zu werden. Es gibt Abenteurer genug, die nicht gewissenhaft sind und die sich für den Teufel schlagen würden, nachdem sie für den heiligen Michael gefochten. Ich unterstütze nur die gerechte Sache, ich will eines Tages einen Degen so rein, wie den eines Königs, zu den Füßen meiner Mutter legen können. Seht, Donna, man hat mir einen vorteilhaften Platz im Dienste dieser ehrlosen Donna Lucretia angeboten, ich habe ihn ausgeschlagen.

Lucretia Gennaro! Gennaro! erbarmt Euch der Bösen! Ihr wißt nicht, was in ihrem Herzen vorgeht.

Gennaro Ich habe kein Erbarmen für das, was ohne Erbarmen ist. Aber lassen wir das, Donna, und jetzt, da ich Euch gesagt habe, wer ich bin, tut mir das Nämliche und sagt mir, wer Ihr seid?

Lucretia Ein Weib, das dich liebt, Gennaro.

Gennaro Aber Euer Name?

Lucretia Fraget mich nicht weiter.

Fackeln. Jeppo und Maffio treten mit Geräusch herein. Donna Lucretia nimmt eilig die Maske vor.

Fünfte Szene

Die Nämlichen, Maffio Orsini, Jeppo Liveretto, Ascanio Petrucci, Oloferno Vitellozzo, Don Apostolo Gazella, Herren, Damen, Pagen mit Fackeln

Maffio *eine Fackel in der Hand:* Gennaro, willst du wissen, wer das Weib ist, dem du von Liebe sprichst?

Lucretia *bei Seite:* Gerechter Himmel!

Gennaro Ihr alle seid meine Freunde, aber der ist ein toller Bursche, der die Maske dieser Dame berührt. Die Maske eines Weibes ist so heilig, wie das Gesicht eines Mannes.

Maffio Das Weib muß vorerst ein Weib sein, Gennaro! Wir wollen dieses da übrigens nicht beleidigen, wir wollen ihm nur unsere Namen sagen. *Er nähert sich der Donna Lucretia.* Donna, ich bin Maffio Orsini, Bruder des Herzogs von Gravina, welchen Eure Sbirren des Nachts, als er schlief, erdrosselt haben.

Jeppo Donna, ich bin Jeppo Liveretto, Neffe des Liveretto Vittelli, den Ihr in den Kellern des Vatikan erdolchen ließt.

Ascanio Donna, ich bin Ascanio Petrucci, Vetter des Pandolfo Petrucci, Herrn von Siena, den Ihr ermordet habt, um ihm desto leichter seine Stadt zu stehlen.

Oloferno Donna, ich heiße Oloferno Vitellozzo und bin ein Neffe des Jago Appiani, den Ihr bei einem Gastmahl vergiftet habt, nachdem Ihr ihm durch Verrat seine gute Feste Piombino weggenommen.

Apostolo Donna, Ihr habt auf dem Schaffotte den Don Francisco Gazella töten lassen, den Onkel Eures dritten Gemahls, des Don Alphons von Arragonien, den Ihr auf der Treppe der Peterskirche mit Spießen erstechen ließt. Ich bin Don Apostolo Gazella, Vetter des einen und Sohn des andern.

Lucretia O Gott!

Gennaro Wer ist dies Weib?

Maffio Und wollt Ihr jetzt, Donna, nachdem wir Euch unsre Namen genannt, daß wir Euch auch den Eurigen nennen?

Lucretia Nein, nein. Habt Mitleid, meine Herrn! Nicht vor ihm!

Maffio *nimmt ihr die Maske ab:* Nehmt Eure Maske ab, Donna, damit wir sehen, ob Ihr noch erröten könnt.

Apostolo Gennaro, dies Weib, dem du von Liebe sprachst, mischt Gift und treibt Ehebruch.

Jeppo Treibt Blutschande in allen Graden. Blutschande mit ihren beiden Brüdern, von denen der eine den andern aus Liebe für sie erschlagen hat.

Lucretia Gnade!

Apostolo Blutschande mit ihrem Vater, der Papst ist.

Lucretia Erbarmen!

Oloferno Blutschande mit ihren Kindern, wenn sie deren hätte, aber der Himmel versagt sie dem Ungeheuer.

Lucretia Genug, genug!

Maffio Willst du ihren Namen wissen, Gennaro?

Lucretia *schleppt sich zu den Knien Gennaros:* Höre nicht, mein Gennaro!

Maffio *streckt die Arme aus:* Das ist Lucretia Borgia.

Gennaro *stößt sie zurück:* Oh!

Sie sinkt ohnmächtig zu seinen Fußen nieder.

Zweite Abteilung

Ein Platz zu Ferrara; zur Rechten ein Palast mit einer niedrigen Türe und mit einem Balkon, der mit Jalousien versehen ist. Unter dem Balkon ist ein großes Steinschild mit einem Wappen; der Name Borgia steht in großen erhabenen Lettern von goldenem Kupfer darunter. Zur Linken ein kleines Haus, dessen Türe auf den Platz geht. Im Hintergrund Häuser, Türme.

Erste Szene

Donna Lucretia, Gubetta

Lucretia Ist Alles für diesen Abend bereit, Gubetta?

Gubetta Ja, Donna.

Lucretia Werden sie alle fünf dort sein?

Gubetta Alle fünf.

Lucretia Sie haben mich auf's grausamste beleidigt, Gubetta.

Gubetta Ich war nicht da, ich.

Lucretia Sie waren ohne Erbarmen.

Gubetta Sie haben Euch so ganz laut Euern Namen gesagt?

Lucretia Sie haben mir ihn nicht gesagt, Gubetta, sie haben mir ihn ins Gesicht gespien.

Gubetta Mitten auf dem Ball!

Lucretia Vor Gennaro!

Gubetta Das sind zuversichtliche Toren, Venedig zu verlassen und nach Ferrara zu kommen! Es ist wahr, sie konnten nicht anders, sie waren vom Senate beauftragt, Teil an der Gesandtschaft zu nehmen, welche die vorige Woche angekommen ist.

Lucretia Oh! er haßt und verachtet mich jetzt, und das ist ihre Schuld. – Ha, Gubetta, ich werde mich rächen.

Gubetta Zur guten Stunde! Das ist ein Wort! Gott sei gelobt, Eure Barmherzigkeitslaunen haben Euch also verlassen! Es ist mir viel behaglicher bei Eurer Hoheit, wenn sie so natürlich ist, wie eben. Ich finde mich wenigstens wieder darin. Seht, Donna, ein See ist das Gegenteil von einer Insel, ein Turm ist das Gegenteil von einer Brücke, und ich, ich habe die Ehre das Gegenteil von einer tugendhaften Person zu sein.

Lucretia Gennaro ist bei ihnen. Gib Acht, dass ihm nichts zustößt.

Gubetta Wenn Ihr ein gutes Weib würdet, und ich würde ein guter Mann, das wäre was Ungeheueres.

Lucretia Gib Acht, daß Gennaro nichts zustößt, sage ich dir.

Gubetta Seid ruhig.

Lucretia Ich möchte ihn gleichwohl noch ein Mal sehen.

Gubetta Bei Gott, Donna, Eure Hoheit sieht ihn alle Tage. Ihr habt seinen Knecht bestochen, damit er seinen Herrn bestimme, seine Wohnung da zu nehmen, in diesem Nest, Eurem Balkon gegenüber, und von Eurem Gitterfenster aus habt Ihr nun alle Tage das unaussprechliche Glück, den genannten Edelmann ein- und ausgehen zu sehen.

Lucretia Ich sage dir, daß ich ihn sprechen will, Gubetta.

Gubetta Nichts einfacher. Laßt ihm durch Astolfo sagen, daß Eure Hoheit ihn heute zu der und der Stunde im Palast erwartet.

Lucretia Das will ich tun, Gubetta. (Aber) wird er kommen?

Gubetta Tretet zurück, Donna, ich glaube, daß er sogleich mit den bewußten Vögeln hier vorbeikommen wird.

Lucretia Halten sie dich immer für den Grafen Belverana?

Gubetta Sie halten mich für einen Spanier vom Wirbel bis zur Sohle. Ich bin einer ihrer besten Freunde. Ich borge Geld bei ihnen.

Lucretia Geld! Zu was?

Gubetta Wahrhaftig, um es zu haben. Übrigens ist nichts spanischer, als wie ein Bettler auszusehen, und den Teufel beim Schwanz zu ziehen.

Lucretia *bei Seite:* O mein Gott, schütze Gennaro!

Gubetta Und darüber, Donna, kommt mir was ein.

Lucretia Nun?

Gubetta Daß dem Teufel der Schwanz sehr solid an das Kreuz geleimt, genagelt und geschraubt sein muß, weil er die unendliche Zahl von Leuten trägt, die beständig daran ziehen.

Lucretia Du lachst über Alles, Gubetta.

Gubetta Eine Art, so gut wie eine andre.

Lucretia Ich glaube, da sind sie. Denke an Alles. *Sie gebt durch die kleine Tür unter dem Balkon in den Palast zurück.*

Gubetta *allein:* Was ist das mit dem Gennaro? Und was zum Teufel hat sie mit ihm vor? Ich kenne nicht alle Geheimnisse der

Donna, o noch lange nicht, aber dies da stachelt meine Neugierde. Meiner Treu, sie hat mir dies Mal nicht getraut, sie braucht sich nicht einzubilden, daß ich ihr bei der Sache behülflich sein werde, sie mag sich aus der Geschichte mit dem Gennaro ziehen, so gut sie kann. Aber was ein sonderbarer Einfall, einen Menschen zu lieben, wenn man die Tochter des Borgia und der Vanozza, wenn man ein Weib ist, in dessen Adern das Blut einer Hure und das Blut eines Papstes fließt. Donna Lucretia wird platonisch. Ich wundre mich jetzt über nichts mehr, selbst wenn man mir sagte, daß der Pabst Alexander (VI.) an Gott glaube! Fort! Da kommen die jungen Toren vom Karneval von Venedig. Ein schöner Einfall ein sicheres Land zu verlassen und nach Ferrara zu kommen, nachdem man die Herzogin von Ferrara tödlich beleidigt! An ihrer Stelle hätte ich mich gehütet, an der Reise der venetianischen Gesandten Teil zu nehmen. Aber so sind einmal die jungen Leute. Der Rachen des Wolfes ist allen Dingen unter dem Monde das, worein sie sich am liebsten stürzen.

Zweite Szene

Die jungen Herren treten auf, ohne Anfangs Gubetta zu bemerken, der sich, um sie zu beobachten, hinter einen der Pfeiler, die den

Balkon tragen, zurückgezogen hat. Sie sehen unruhig aus und sprechen leise mit einander.

Maffio *leise:* Ihr mögt sagen, was Ihr wollt, meine Herren man kann sich die Mühe sparen nach Ferrara zu gehen, wenn man Donna Lucretia aufs Tiefste verwundet hat

Apostolo Was können wir tun? Der Senat schickt uns hierher. Ist es möglich, sich über die Befehle des hohen Senates von Venedig wegzusetzen? Einmal bezeichnet, mußten wir fort. Gleichwohl, Maffio, verhehle ich mir nicht, daß Lucretia Borgia eine furchtbare Feindin ist. Sie ist hier Herrin.

Jeppo Was könnte sie uns antun, Apostolo? Sind wir nicht im Dienste der Republik Venedig? Gehören wir nicht zu ihrer Gesandtschaft? Uns ein Haar auf dem Haupte krümmen hieße dem Dogen den Krieg erklären, und Ferrara reibt sich nicht gern an Venedig.

Gennaro *träumt in einer Ecke der Bühne, ohne sich in das Gespräch zu mischen:* O meine Mutter, meine Mutter! Wer wird mir sagen, was ich für meine arme Mutter tun kann!

Maffio Man kann dich, so lang du bist, Jeppo, in den Sarg legen, ohne ein Haar auf deinem Haupt zu krümmen. Es gibt Gifte, welche ohne Aufsehen und Lärm die Geschäfte der Borgia abtun und das viel sicherer, als Beil und Dolch. Denke, auf welche Weise Alexander VI. den Sultan Zizimi, Bajazet's Bruder, aus der Welt gehen machte.

Oloferno Und so viele andere.

Apostolo Das ist eine sonderbare und unheimliche Geschichte mit dem Bruder des Bajazet. Der Papst machte ihn glauben, Carl von Frankreich habe ihm an dem Tage, wo sie zusammen speisten, vergiftet; Zizimi glaubte Alles und erhielt aus den schönen Händen der Lucretia Borgia ein sogenanntes Gegengift, was innerhalb zwei Stunden seinen Bruder Bajazet von ihm befreite.

Jeppo Der ehrliche Türke scheint sich wenig auf Politik verstanden zu haben.

Maffio Ja, die Borgia haben Gifte, die nach einem Tage töten, nach einem Monate, nach einem Jahre, wie sie wollen. Das sind schändliche Gifte, die den Wein süßer machen und einem die Flasche mit mehr Vergnügen leeren lassen. Man hält sich für berauscht, man ist tot. Oder man fängt plötzlich an siech zu werden, die Haut bekommt Runzeln, die Augen werden hohl, die Haare grau, die Zähne brechen wie Glas; man geht nicht mehr, man schleppt sich; man atmet nicht, man röchelt; man lacht nicht, man schläft nicht, man fröstelt in der Sonne am hellen Mittag; ein Jüngling bekömmt das Aussehen eines Greises; so kämpft er eine Zeitlang mit dem Tode; er stirbt und dann erinnert man sich, daß er ein halbes Jahr oder ein Jahr zuvor ein Glas Cyperwein bei einem Borgia getrunken. *Er kehrt sich um.* Seht, meine Herrn, da kommt grade Montefeltro, Ihr kennt ihn vielleicht, er ist aus dieser Stadt, und dem geht es grade so. Er geht da im Hintergrunde des Platzes vorbei. Betrachtet ihn.

Man sieht im Hintergrunde der Bühne einen magern, wankenden und hinkenden Mann mit grauen Haaren vorübergehen, er stützt sich auf einen Stock und ist in einen Mantel gehüllt.

Ascanio Armer Montefeltro!

Apostolo Wie alt ist er?

Maffio So alt wie ich, 29 Jahre.

Oloferno Ich sah ihn voriges fahr so frisch und gesund, wie einer von Euch.

Maffio Es sind jetzt drei Monate, daß er bei unserm heiligen Vater, dem Pabst, in der Vigne des Belvedere zu Nacht gespeist hat. Oh! Man erzählt sich seltsame Dinge von den Gastmählern der Borgia.

Ascanio Das sind zügellose mit Gift gewürzte Orgien.

Maffio Seht, meine Herrn, wie der Platz da verlassen ist. Das Volk wagt sich dem fürstlichen Palast nicht so nahe, es scheut das Gift, welches Tag und Nacht darin bereitet wird und von den Mauern ausdünstet.

Ascanio Meine Herrn, mit einem Wort, die Gesandten hatten gestern ihre Audienz beim Herzog, unser Dienst ist zu Ende. Das Gefolge der Gesandtschaft besteht aus 50 Reutern. Man würde unsere Entfernung nicht bemerken. Ich glaube, daß wir wohl daran täten, wenn wir Ferrara verließen.

Maffio Heute noch.

Jeppo Meine Herren, dazu ist auch morgen Zeit. Ich bin zum Abendessen bei der Fürstin Negroni eingeladen, ich bin zum Tollwerden in sie verliebt und möchte nicht aussehen, als liefe ich vor den schönsten Damen von Ferrara fort.

Oloferno Du bist zum Abendessen bei der Fürstin Negroni eingeladen?

Jeppo Ja.

Oloferno Und ich auch.

Ascanio Und ich.

Apostolo Und ich.

Maffio Und ich.

Gubetta Und ich, meine Herren!

Jeppo Ach! Herr von Belverana. Nun, wir gehen alle hin, das gibt einen fröhlichen Abend. Guten Tag, Herr von Belverana.

Gubetta Möge Gott Euch viele Jahre schenken, Herr Jeppo.

Maffio *leise zu Jeppo:* Du wirst mich abermals sehr ängstlich finden. Wir gingen nicht zu diesem Essen, wenn du mir glaubtest. Der Palast Negroni stößt an den Palast Borgia, und ich setze kein großes Zutrauen in die freundschaftlichen Gesichter des Herrn Belverana.

Jeppo *leise:* Du bist närrisch, Maffio. Die Negroni ist eine liebenswürdige Dame, ich sage dir, ich bin in sie verliebt, und

Belverana ist ein braver Mann. Ich habe über ihn und seine Familie Erkundigungen eingezogen. Mein Vater war 1480 und so und so viel mit dem seinigen bei der Belagerung von Granada.

Maffio Das beweist nicht, daß der Mann der Sohn des Vaters ist, welcher bei deinem Vater war.

Jeppo Es zwingt dich Niemand, zu dem Gastmahl zu kommen, Maffio.

Maffio Ich gehe, wie du hingehst, Jeppo.

Jeppo Dann Te Deum laudamus. Und du, Gennaro, wirst du heute Abend nicht unter uns sein?

Ascanio Hat dich die Negroni nicht eingeladen?

Gennaro Nein. Der Fürstin bin ich wohl nicht adelig genug.

Maffio *lächelnd:* Dann, mein Bruder, wirst du irgend ein verliebtes Stelldichein haben, nicht wahr?

Jeppo Aha, erzähle uns doch ein wenig, was die Donna Lucretia jenen Abend sagte. Sie scheint ganz toll in dich vernarrt zu sein. Sie wird dir viel davon vorgeschwatzt haben. Die Ballfreiheit kam ihr sehr dabei zu Statten. Die Weiber verkleiden nur ihren Leib, um ihre Seele bequemer zu entkleiden. Maskierte Gesichter und nackte Herzen!

Lucretia befindet sich seit einigen Augenblicken auf dem Balkon, wo sie die Jalousie halb öffnet, sie horcht.

Maffio Du mietest dich grade ihrem Balkon gegenüber ein, Gennaro! Gennaro!

Apostolo Das ist nicht so ohne Gefahr, mein Junge, man sagt, dieser würdige Herzog von Ferrara sei sehr eifersüchtig auf seine Frau Donna.

Oloferno Rasch, Gennaro! sage uns, wie weit du mit deiner Liebschaft mit der Lucretia bist.

Gennaro Meine Herren! einige Degen werden in der Sonne blitzen, wenn Ihr fortfahrt, mir von diesem abscheulichen Weibe zu sprechen.

Lucretia *auf dem Balkon, bei Seite:* Ach!

Maffio Nichts als Scherz, Gennaro. Aber ich dächte, man dürfte mit dir von dieser Dame wohl sprechen; du trägst ihre Farbe.

Gennaro Was soll das heißen?

Maffio *deutet auf seine Schärpe:* Diese Schärpe?

Jeppo Das sind in der Tat die Farben der Lucretia Borgia.

Gennaro Fiametta hat mir sie geschickt.

Maffio Das meinst du. Lucretia ließ dir das sagen. Aber Lucretia ist es, welche die Schärpe dir mit eignen Händen gestickt hat.

Gennaro Bist du dessen gewiß, Maffio? Woher weißt du es?

Maffio Von deinem Knecht, welcher dir die Schärpe gebracht und den sie bestochen hat.

Gennaro Verdammt! *Er reißt die Schärpe ab, zerreißt sie und tritt sie mit Füßen.*

Lucretia *bei Seite:* Ach! *Sie schließt die Jalousie und entfernt sich.*

Maffio Und doch ist dies Weib schön.

Jeppo Ja, aber es ist etwas Unheimliches in ihrer Schönheit

Maffio Sie ist ein Golddukaten mit dem Gepräge des Satans.

Gennaro O! verflucht sei diese Lucretia Borgia! Dies Weib liebt mich, wie Ihr sagt! Nun, desto besser! das soll ihre Strafe sein. Sie macht mich schaudern! Ja, sie macht mich schaudern. Du weißt, Maffio, das ist immer so; es ist unmöglich, gleichgültig gegen ein Weib zu sein, von dem man geliebt wird. Man muß es lieben oder hassen. Wie sollte man diese da lieben? Es geschieht auch, daß man diese Art von Weibern um so mehr haßt, je mehr man von ihnen verfolgt wird. Dies Weib verfolgt mich, quält mich, belagert mich. Wodurch konnte ich die Liebe einer Lucretia Borgia verdienen? Ist das nicht Schande und Schmach? Ihr könnt kaum glauben, wie mir der Gedanke an dies verbrecherische Weib verhaßt ist seit der Nacht, wo Ihr mir so laut ihren Namen gesagt habt. Sonst sah ich Lucretia Borgia nur von fern, zwischen tausend Gegenständen durch, wie ein schreckliches Gespenst aufrecht über Italien, wie das Gespenst einer ganzen Welt. Jetzt ist dies Gespenst mein Gespenst; es setzt sich an mein Lager, es liebt mich, es will sich in mein Bett legen! Bei meiner Mutter, das ist entsetzlich! Ach, Maffio! sie hat den Herrn von Gravina getötet, sie hat deinen Bruder getötet! Ha! deinen Bruder! Dir will ich ihn ersetzen, an ihr will ich ihn rächen! – Hier ist also ihr abscheulicher Palast! Palast der Wollust, Palast des Verrats, Palast des Mordes, Palast des Ehebruchs, Palast der Blutschande, Palast jeglicher Sünde, Palast der Lucretia Borgia! Daß ich diesem Weibe das Henkerszeichen nicht auf die Stirn drücken kann! So will ich wenigstens die Stirne ihres Palastes brandmarken. *Er steigt auf eine unter dem Balkon befindliche Steinbank, und macht mit seinem Dolche den ersten*

Buchstaben des auf die Mauer gehefteten Namens Borgia los, so dass nur das Wort: orgia bleibt.

Maffio Was Teufel macht er?

Jeppo Der Name der Donna Lucretia ohne diesen Buchstaben macht dich zu einem Manne ohne Kopf.

Gubetta Herr Gennaro, das ist ein Wortspiel, was morgen die halbe Stadt auf die Folter bringt.

Gennaro Ich werde mich stellen, wenn man den Schuldien sucht.

Gubetta *bei Seite:* Das wäre mir recht, das würde Donna Lucretia in Verlegenheit bringen.

Seit einigen Augenblicken gehen zwei schwarz gekleidete Männer beobachtend auf dem Platze auf und ab.

Maffio Meine Herren, das sind Leute mit verdächtigen Gesichtern, sie betrachten uns etwas neugierig. Es wäre klug, wenn wir uns trennten. Mache keine neuen Tollheiten, mein Bruder Gennaro.

Gennaro Sei ruhig, Maffio. Deine Hand! Meine Herren, viel Vergnügen diese Nacht! *Er geht in sein Haus, die Anderen zerstreuen sich.*

Dritte Szene

Die beiden schwarz gekleideten Männer

Erster Mann Was Teufel machst du da, Rustighello?

Zweiter Mann Ich warte, bis du weggehst, Astolfo.

Erster Mann In der Tat?

Zweiter Mann Und du, was machst du da, Astolfo?

Erster Mann Ich warte, bis du weggehst, Rustighello.

Zweiter Mann Mit wem hast du es zu tun, Astolfo?

Erster Mann Mit dem Manne, der eben da hineinging. Und du, an wen willst du?

Zweiter Mann An den nämlichen.

Erster Mann Teufel!

Zweiter Mann Was willst du mit ihm machen?

Erster Mann Ihn zur Herzogin führen. Und du?

Zweiter Mann Ihn zum Herzog führen.

Erster Mann Teufel!

Zweiter Mann Was erwartet ihn bei der Herzogin?

Erster Mann Die Liebe, ohne Zweifel. Und bei dem Herzog?

Zweiter Mann Der Galgen, wahrscheinlich.

Erster Mann Was tun? Er kann nicht zugleich bei dem Herzog und bei der Herzogin sein, zugleich Weiberarme und den Strick am Hals haben.

Zweiter Mann Da ist ein Dukaten, spielen wir Münz oder Kopf, wer von uns den Mann haben soll.

Erster Mann Das ist ein Wort.

Zweiter Mann Meiner Treu! wenn ich verliere, so sage ich dem Herzog, der Vogel wäre ausgeflogen gewesen. Die Geschäfte des Herzogs kümmern mich wenig. *Er wirft dm Dukaten in die Luft.*

Erster Mann Münze!

Zweiter Mann 'S ist Kopf!

Erster Mann Der Mann wird gehenkt werden. Nimm ihn. Adieu!

Zweiter Mann Guten Abend.

Nachdem der Anden weggegangen ist, öffnet er die niedrige Türe unter dem Balkon, geht hinein und kommt einen Augenblick darauf in der Begleitung von vier

Sbirren zurück, mit denen er an der Türe des Hauses pocht, in welches Gennaro gegangen.

Der Vorhang fällt.

Zweite Handlung

Das Paar

Donna Lucretia – Don Alphons von Este – Gennaro – Maffio – Rustighello – ein Türsteher

Erste Abteilung

Ein Saal des herzoglichen Palastes zu Ferrara. Tapeten von ungarischem Leder mit goldnen Arabesken. Prächtige Möbel in dem zu Ende des 15. Jahrhunderts in Italien herrschenden Geschmack. Der Stuhl des Herzogs mit rotem Samt überzogen, in welchen das Wappen des Hauses Este gestickt ist. Zur Seite ein mit dergleichen Samt bedeckter Tisch. Im Hintergrund eine große Türe. Zur Rechten eine kleine, zur Linken eine andere kleine verborgene Türe. Hinter der kleinen versteckten Türe sieht man in einem auf der Bühne angebrachten Cabinet den Anfang einer Wendeltreppe, die sich unter den Fußboden senkt und durch ein langes und schmales Gitterfenster erleuchtet wird.

Erste Szene

Don Alphons von Este, Rustighello

Rustighello Herr Herzog, Eure Befehle sind vollzogen und ich erwarte die übrigen.

Alphons Nimm diesen Schlüssel. Geh' in die Galerie des Numa. Zähle alle Fächer des Getäfels von der großen Figur bei der Türe an; sie stellt den Herkules, Sohn des Jupiters, einen meiner Vorfahren, vor. Im dreiundzwanzigsten Feld wirst du eine kleine im Rachen einer goldenen Natter versteckte Öffnung finden. Ludwig (der Maure) hat dieses Feld machen lassen. Stecke den Schlüssel in diese Öffnung. Das Feld wird sich, wie eine Türe, auf seinen Angeln bewegen. In dem verborgenen Schrank, den es versteckt, findest du auf einer Krystallplatte zwei Flaschen, eine von Gold und eine von Silber, mit zwei Bechern. In der silbernen Flasche ist reines Wasser. In der goldenen ist zubereiteter Wein. Du trägst die Platte, ohne etwas zu verrücken, in das anstoßende

Zimmer, Rustighello, und wirst dich hüten, die goldene Flasche anzurühren, wenn du je die Leute mit Zähneklappern von dem Gifte der Borgia hast reden hören, einem Gifte, das als Pulver weiß und funkelnd ist, wie der Staub von cararischem Marmor und das, in den Wein gemengt, Romorantiner in Syrakusaner verwandelt

Rustighello Ist das Alles, mein Herr?

Alphons Nein. Du nimmst deinen besten Degen und bleibst aufrecht in dem Cabinet hinter der Türe stehen, so daß du Alles, was hier vorgeht, hören und auf das erste Zeichen, das ich dir mit dieser silbernen Schelle gebe, hereintreten kannst. Wenn ich einfach: Rustighello! rufe, so kommst du mit der Platte herein. Wenn ich mit der Schelle klingle, so kommst du mit dem Degen.

Rustighello Gut, mein Herr.

Alphons Du hältst den bloßen Degen in der Hand, um dir die Mühe des Ziehens zu sparen.

Rustighello Ja wohl.

Alphons Rustighello, nimm zwei Degen, es könnte einer brechen. Fort!

Rustighello geht durch die kleine Türe ab.

Türsteher *tritt durch die Jure im Hintergrund ein:* Unsere Donna, die Herzogin, wünscht den Herrn Herzog zu sprechen.

Alphons Laßt unsre Dame herein.

Zweite Szene

Don Alphons, Donna Lucretia

Lucretia *tritt ungestüm herein:* Herr! Herr! das ist unverschämt, das ist schmachvoll, das ist abscheulich! Einer aus Eurem Volke, wißt Ihr das, Don Alphons? Einer aus Eurem Volke hat den Namen Eures Weibes unter dem Wappen ihrer Familie auf der Fronte Eures Palastes verstümmelt. Es geschah am hellen Tage, öffentlich, durch wen? – ich weiß es nicht; aber es ist sehr schmählich und sehr frech. Man hat aus meinem Namen ein Aushängeschild für die Schande gemacht, und Euer Pöbel aus Ferrara, der niederträchtigste in ganz Italien, Herr, steht da und grinst vor meinem Wappen, wie vor einem Pranger. Bildet Ihr Euch etwa ein, Don Alphons, daß ich das so hinnehmen würde, und daß ich nicht lieber auf einmal durch einen Dolchstoß sterben möchte, als tausendmal durch den giftigen Biß des Spottes und des Pasquills? Bei Gott, Herr! man behandelt mich seltsam in Eurer Herrschaft Ferrara! Ich fange an, das müde zu werden; ich finde Euer

Aussehen zu gefällig und ruhig, während man in den Rissen Eurer Stadt den Ruf Eures von Schande und Verleumdung mit den Zähnen zerrissenen Weibes herumzerrt. Ich muß dafür eine glänzende Genugtuung haben, Herr Herzog! Ich sage es Euch vorauf. Bereitet Euch, mir Rech zu verschaffen. Das ist ein ernsthaftes Ereignis, seht Ihr? Glaubt Ihr vielleicht, daß mir die Achtung eines Jeden unter der Sonne gleichgültig ist und daß mein Gemahl aufhören kann, mein Ritter zu sein? Nein, nein, mein Herr! wer sich vermählt, der schirmt, wer die Hand gibt, der gibt den Arm. Ich zähle darauf. Alle Tage neue Beleidigungen, und immer sehe ich Euch gefühllos dafür. Sprützt der Kot, womit man mich bewirft, nicht auch auf Euch, Don Alphons? Ha, bei meiner Seele, werdet doch ein wenig zornig, Herr, damit ich Euch doch einmal in meinem Leben im Zorn um mich sehe. Ihr liebt mich, wie Ihr manchmal sagt? So liebt doch meine Ehre! Ihr seid eifersüchtig? So seid es doch auf meinen Ruf! Wenn ich durch meine Mitgift Eure Erbgüter verdoppelt; wenn ich Euch zum Hochzeitgeschenk nicht nur die goldene Rose und den Segen des heiligen Vaters, sondern auch noch etwas mitgebracht habe, das mehr Platz einnimmt auf dieser Erde: Siena, Rimini, Cesena, Spoleto und Piombino und mehr Städte, als ihr Schlösser, und mehr Herzogtümer, als Ihr Baronien hattet; wenn ich Euch zum mächtigsten Edelmann Italiens gemacht habe, so ist das wohl ein Grund, Herr, mich dem Gespötte, dem Geschrei und den Beleidigungen Eures Pöbels Preis zu geben; ein Grund, Euer Ferrara vor ganz Europa mit den Fingern auf Euer verachtetes und unter der Magd Eurer Stallknechte stehendes Weib deuten zu lassen; so ist das wohl ein Grund, sage ich, daß Eure Untertanen mich nicht durch ihre Mitte können gehen sehen, ohne zu sagen: Ha, dies Weib!... Ich erkläre es Euch, Herr, das heutige Verbrechen muß untersucht und strenge bestraft werden, wenn ich nicht bei dem Pabst oder dem Valentinois, der zu Forli mit fünfzehntausend Kriegsleuten steht, Klage führen soll, und dann mögt Ihr zusehen, ob es wohl der Mühe wert ist, sich darum aus Eurem Sessel zu rütteln.

Alphons Donna, ich bin von dem Verbrechen unterrichtet, worüber Ihr klagt.

Lucretia Wie, Herr! Ihr wißt von dem Verbrechen, und der Verbrecher ist nicht entdeckt?

Alphons Der Verbrecher ist entdeckt.

Lucretia Bei Gott! wie kömmt es, daß er alsdann noch nicht verhaftet ist?

Alphons Er ist verhaftet, Donna.

Lucretia Bei meiner Seele! wie kommt es, daß er seine Strafe noch nicht erhalten hat?

Alphons Er wird sie erhalten. Ich wollte erst Eure Meinung über die Strafe hören.

Lucretia Ihr habt wohl daran getan, Herr! Wo ist er?

Alphons Hier.

Lucretia Ha, hier! Man muß ein Beispiel geben, hört Ihr, Herr? Das ist ein Majestätsverbrechen. Solche Verbrechen machen immer den Kopf fallen, welcher sie aussinnt, und die Hand, welche sie ausführt. – Ha, er ist hier! Ich will ihn sehen.

Alphons Das ist leicht. *Er ruft.* Bautista!

Der Türsteher tritt ein.

Lucretia Noch ein Wort, Herr, ehe der Verbrecher hereingeführt wird. Gebt mir Euer Wort als gekrönter Herzog, Don Alphons, daß er, wer er auch sei, aus Eurer Stadt oder Eurem Hause nicht lebend von hier weg soll.

Alphons Ihr habt es. – Ich gebe es Euch, Donna, versteht Ihr wohl?

Lucretia Gut. Ha, ich verstehe! Führt ihn her, damit ich ihn selbst vernehme. Mein Gott! was habe ich doch diesen Leuten zu Ferrara getan, daß sie mich so verfolgen?

Alphons *zum Türsteher:* Führt den Gefangenen herein.

Die Türe im Hintergrund öffnet sich. Man sieht Gennaro entwaffnet zwischen zwei Hellebardieren hereintreten. In dem nämlichen Augenblick sieht man Rustighello die Treppe in dem kleinen Zimmer zur Linken hinter der verborgenen Türe herauf steigen. In der Hand hält er eine Platte, worauf eine goldene und eine silberne Flasche nebst zwei Bechern stehen. Er stellt die Platte auf den Fenstervorsprung, zieht seinen Degen und stellt sich hinter die Türe.

Dritte Szene

Die Nämlichen, Gennaro

Lucretia Gennaro!

Alphons *nähert sich ihr. Leise und lächelnd:* Kennt Ihr den Mann?

Lucretia Es ist Gennaro. Welche Schickung, mein Gott!

Sie betrachtet ihn ängstlich, er wendet die Augen ab.

Gennaro Herr Herzog, ich bin nichts, als ein Hauptmann und spreche zu Euch mit der Achtung, die Euch gebührt. Eure Hoheit hat mich heute Morgen in meinem Hause verhaften lassen; was will sie mit mir?

Alphons Herr Hauptmann, ein Majestätsverbrechen wurde heute Morgen dem von Euch bewohnten Hause gegenüber verübt. Der Name unserer vielgeliebten Gattin und Base, Donna Lucretia Borgia, ist auf eine unverschämte Weise auf der Fronte unseres Palastes verstümmelt worden. Wir suchen den Schuldigen.

Lucretia Er ist es nicht! Das ist eine Verwechslung, Don Alphons. Der junge Mann da ist es nicht.

Alphons Woher wißt Ihr das?

Lucretia Ich bin dessen gewiß. Der junge Mann ist von Venedig und nicht von Ferrara. Also…

Alphons Was beweist das?

Lucretia Die Sache geschah heute Morgen, und ich weiß, daß er den Morgen bei einer gewissen Fiametta zugebracht hat.

Gennaro Nein, Donna.

Alphons Eure Hoheit sieht wohl, daß sie schlecht unterrichtet ist. Laßt mich ihn fragen. – Hauptmann Gennaro, habt Ihr das Verbrechen begangen?

Lucretia *verwirrt:* Man erstickt hier! Luft! Luft! Ich muß ein wenig Atem schöpfen! *Sie tritt an ein Fenster; während sie an Gennaro vorbeigeht, sagt sie ihm rasch und leise:* Sage: nein!

Alphons *bei Seite:* Sie hat leise mit ihm gesprochen.

Gennaro Herzog Alphons, die Fischer von Calabrien, die mich erzogen und die mich, wie ich noch ganz jung war, in das Meer getaucht haben, um mich stark und kühn zu machen, haben mich einen Grundsatz gelehrt, bei dem man wohl oft sein Leben, aber nie seine Ehre wagt: „Tue, was du sagst, sage, was du tust." Herzog Alphons, ich bin der Mann, den Ihr sucht.

Alphons *sich zu Lucretia wendend:* Ihr habt mein fürstliches Wort, Donna.

Lucretia Ich habe Euch einige Worte insgeheim zu sagen, mein Herr.

Der Herzog befiehlt durch ein Zeichen dem Türsteher und den Wachen, sich mit dem Gefangenen in den anstoßenden Saal zurückzuziehen.

Vierte Szene

Lucretia, Don Alphons

Alphons Was wollt Ihr von mir, Donna?

Lucretia Was ich will, Don Alphons? Ich will, daß dieser Jüngling nicht sterbe.

Alphons Es ist kaum ein Augenblick verflossen, seit Ihr zu mir kamt wie ein Sturm, zürnend und weinend, seit Ihr über eine Euch zugerügte Beleidigung klagtet, seit Ihr unter Drohen und Schreien den Kopf des Schuldigen gefordert, seit Ihr mein fürstliches Wort begehrt habt, daß er nicht lebend von hier wegsolle; ich verpfändete es Euch, und jetzt fordert Ihr sein Leben! Bei Gott, Donna, das ist unerhört!

Lucretia Ich will, daß dieser Jüngling nicht sterbe, Herr Herzog.

Alphons Donna, so erprobte Edelleute, wie ich, sind nicht gewohnt, ihr Wort in Versatz zu lassen. Ihr habt das meinige, ich muß es lösen. Ich habe den Tod des Schuldigen beschworen, er muß sterben. Bei meiner Seele! Ihr dürft seine Todesart wählen.

Lucretia *lächelnd und sanft:* Don Alphons, Don Alphons, wahrhaftig, wir schwätzen da tolles Zeug, Ihr und ich. Es ist wahr, ich bin ein unsinniges Weib. Mein Vater hat mich verdorben; was wollt Ihr? Seit meiner Kindheit hat man all meinen Launen gehorcht. Was ich vor einer Viertelstunde wollte, will ich letzt nicht mehr. Kommt, setzt Euch zu mir; – so – plaudern wir ein wenig, zärtlich, herzlich, wie Mann und Frau, wie zwei gute Freunde.

Alphons *ebenfalls mit einem Anstrich von Galanterie:* Donna Lucretia, Ihr seid meine Dame, und ich bin sehr glücklich, daß Ihr mich einen Augenblick zu Euren Füßen haben wollt. *Er setzt sich neben sie.*

Lucretia Wie hübsch ist es, wenn man sich versteht! Wißt Ihr auch, Don Alphons, daß ich Euch noch liebe, wie am ersten läge unserer Ehe, wo Ihr einen so glänzenden Einzug in Rom hieltet zwischen Herrn von Valentinois, meinem Bruder, und dem Herrn Kardinal Hippolyt von Este, dem Eurigen? Ich war auf dem Balkon der Peterstreppe. Ich denke noch an Euren schönen, mit goldnen

Zierraten bedeckten Schimmel und an das königliche Aussehen, was Ihr auf ihm hattet.

Alphons Ihr, Donna, wart sehr schön und glänzend unter Eurem Baldachin von Silberbrokat.

Lucretia O sprecht nicht von mir, Herr, wenn ich von Euch spreche. Es ist gewiß, daß mich alle Fürstinnen Europas um meine Ehe mit dem besten Ritter der Christenheit beneiden, und ich liebe Euch wahrhaftig, als hätte ich achtzehn Jahre. Ihr wißt, daß ich Euch liebe, nicht wahr, Alphons? Ihr zweifelt wenigstens nie daran. Ich bin manchmal kalt und zerstreut; daran ist mein Charakter, nicht mein Herz Schuld. Hört, Alphons, wenn Eure Hoheit mich ein wenig darum zankte, wollte ich bald anders werden. Wie schön, sich so zu lieben, wie wir! Gebt nur Eure Hand, – umarmt mich, Don Alphons! In Wahrheit, das fallt mir jetzt ein, es ist recht lächerlich, daß ein Fürst und eine Fürstin, wie Ihr und ich, die neben einander auf dem schönsten Herzogstuhle unter der Sonne sitzen und die sich lieben, auf dem Punkte waren, sich um einen armseligen italienischen Landstreicher zu zanken! Man muß den Menschen fortjagen und nicht weiter davon reden. Er mag gehen, wohin er will, nicht wahr, Alphons? Der Löwe und die Löwin werden über eine Mücke nicht zornig werden. – Wißt Ihr auch, mein Herr, daß Ihr die Herzogskrone zum zweitenmal erhalten würdet, wenn man sie dem schönsten Ritter von Ferrara als Preis aussetzte? – Wartet, ich will Bautista in Eurem Namen sagen, dass er so schnell, als möglich, diesen Gennaro aus Ferrara jagen soll.

Alphons Das hat keine Eile.

Lucretia Ich möchte nicht mehr daran zu denken haben. – Laßt mich die Sache auf meine Art abtun.

Alphons Diesmal muß sie wohl auf die meinige abgetan werden.

Lucretia Aber endlich, mein Alphons, – Ihr habt keinen Grund, den Tod dieses Menschen zu wollen.

Alphons Und das Wort, was ich Euch gegeben? Der Eid eines Fürsten ist heilig.

Lucretia Dergleichen muß man dem Volk sagen. Aber Ihr und ich, Don Alphons, wissen, was daran ist. Der heilige Vater hatte Carl VIII. von Frankreich das Leben des Zizimi versprochen; seine Heiligkeit ließ nichts desto weniger Zizimi sterben. Herr von Valentinois hatte sich auf sein Wort dem nämlichen Kinde Carl als Geisel gestellt; Herr von Valentinois ist aus dem französischen

Lager entwischt, sobald er konnte. Ihr selbst hattet dem Petrucci versprochen, ihnen Siena zurückzugeben. Ihr habt es weder getan, noch hättet Ihr es tun sollen. He! die Geschichte ist voll von dergleichen. Weder Könige, noch Völker könnten bei streng gehaltenen Eiden einen Augenblick bestehen. Für uns, Alphons, ist ein beschwornes Wort nur dann eine Notwendigkeit, wenn es keine andere gibt.

Alphons Dennoch, Donna Lucretia, ein Eid ...

Lucretia Gebt mir doch nicht so erbärmliche Gründe an. Ich bin nicht einfältig. Sagt mir lieber, mein teurer Alphons, ob Ihr irgend etwas gegen diesen Gennaro habt. Nein? Nun gut! schenkt mir sein Leben. Was macht das Euch, wenn es mir einfällt, ihm zu verzeihen? Ich bin die Beleidigte.

Alphons Grade, weil er Euch beleidigt hat, meine Liebe, kann ich ihn nicht begnadigen.

Lucretia Ihr werdet mir es nicht länger verweigern, wenn Ihr mich liebt. Wenn es mir nun beliebt, den Weg der Milde zu versuchen? Ich will von Eurem Volke geliebt sein. Die Gnade, Alphons, macht einen König Jesus Christus ähnlich. Laßt uns gnädige Herrn sein. Das arme Italien hat ohne uns Tyrannen genug, von den baronisierten Stellvertretern des Papstes an bis zu dem päpstlichen Stellvertreter des Himmels. Machen wir ein Ende damit, teurer Alphons. Setzt diesen Gennaro in Freiheit. Es ist eine Laune, wenn Ihr wollt; aber es ist etwas Heiliges und Göttliches in der Laune eines Weibes, wenn sie einem Menschen den Kopf rettet.

Alphons Ich kann nicht, teure Lucretia.

Lucretia Ihr könnt nicht? Aber warum endlich könnt Ihr mir etwas so Unbedeutendes, wie das Leben eines Soldaten, nicht schenken?

Alphons Ihr fragt, warum, meine Liebe?

Lucretia Ja, warum?

Alphons Weil dieser Soldat Euer Geliebter ist, Donna.

Lucretia Himmel!

Alphons Weil Ihr in Venedig wart, ihn zu suchen! Weil Ihr in die Hölle gehen würdet, ihn zu suchen! Weil ich Euch verfolgt habe, während Ihr ihn verfolgtet! Weil ich Euch sah, als Ihr ihm unter Eurer Maske nachlieft, keuchend, wie die Wölfin hinter ihrer Beute! Weil Ihr ihn noch im Augenblick mit einem Blick voll Tränen und Feuer verschlangt! Weil Ihr Euch ihm ohne Zweifel überlassen habt. Donna! Weil es jetzt genug ist mit Schande und Ehebruch Weil es Zeit ist, daß ich meine Ehre räche und um mein Bett einen Strom von Blut fließen mache! Versteht Ihr, Donna?

Lucretia Don Alphons ...

Alphons Schweigt. – Wacht über Eure Liebhaber in Zukunft, Lucretia! Stellt, wen Ihr wollt, als Pförtner an die Türe, durch die man zu Eurer Schlafkammer gelangt; aber an der Türe, durch die man herausgeht, wird jetzt ein Pförtner nach meiner \\ahl stehen – der Henker!

Lucretia Herr! ich schwöre Euch ...

Alphons Schwört nicht. – Eide, das ist gut für den Pöbel. Gebt mir doch keine so erbärmlichen Gründe an.

(**Lucretia** Wenn Ihr wüßtet ...)

Alphons Seht, Donna, ich hasse Euer ganzes abscheuliches Geschlecht Borgia und Euch vor allen, Euch, die ich so toll liebte! Ich muß Euch das ein wenig vollständig sagen. Es ist eine schändliche, unerhörte und seltsame Sache, in uns beiden das Haus Este, welches edler ist, als das Geschlecht der Valois und der Tudor, das Haus Este, sage ich, und das Haus Borgia vereinigt zu sehen, das Haus Borgia, das nicht einmal so, sondern Lenzuoli, oder Lenzolio, oder, ich weiß nicht wie, heißt! Ich verabscheue Euren Bruder Cäsar, der natürliche Blutflecken im Gesicht hat! Euren Bruder Cäsar, der Euren Bruder Johann erschlagen hat! Ich verabscheue Eure Mutter Rosa Vanozza, das alte spanische Freudenmädchen, das in Rom Ärgernis erregt, nachdem es das Nämliche in Valencia getan! Und was Eure sogenannten Neffen anbelangt, die Herzoge von Sermoneto-Nepi, – schöne Herzoge, wahrhaftig! Herzoge von gestern! Herzoge von gestohlenen Herzogtümern! Laßt mich zu Ende kommen. Ich verabscheue Euren Vater, der Papst ist und der ein Weiber-Serail hält, wie der Türkensultan Bajazet; Euren Vater, welcher der Antichrist ist; Euren Vater, der die Galeeren mit berühmten Männern und das heilige Collegium mit Banditen besetzt, so daß man fragen sollte, wenn man sie in ihren roten Kleidern sieht (Galeerensklaven und Kardinäle), ob die Galeerensklaven Kardinäle und ob die Kardinäle Galeerensklaven sind! – Geht jetzt!

Lucretia Herr! Herr! ich flehe zu Euch auf den Knien und mit gefalteten Händen, um Jesus und Maria willen Eures Vaters und Eurer Mutter willen, Herr, ich flehe Euch um das Leben dieses Mannes!

Alphons Das heiße ich lieben! – Ihr dürft mit seiner Leiche machen, was Ihr wollt, und ich denke, daß Ihr es könnt ehe eine Stunde vergeht.

Lucretia Gnade für Gennaro!

Alphons Wenn Ihr den festen Entschluß in meiner Seele lesen könntet, so würdet Ihr so wenig davon reden, als wenn er schon tot wäre.

Lucretia *sich erhebend:* Ha! hütet Euch, Don Alphons von Ferrara, mein vierter Gemahl.

Alphons O, spielt nicht die schreckliche Donna! Bei meiner Seele, ich fürchte Fluch nicht! Ich kenne Eure Kniffe. Ich werde mich nicht vergiften lassen, wie Euer erster Gemahl, der arme spanische Edelmann, dessen Namen ich so wenig mehr weiß, als Ihr. Ich werde mich nicht fortjagen lassen, wie Euer zweiter Gemahl, der Schwachkopf Johann Sforza, Herr von Pesaro. Ich werde mich nicht mit Spießen auf irgend einer Treppe erstechen lassen, wie der dritte, Don Alphons von Arragonien, das schwache Kind, dessen Blut den Boden so wenig färbte, als reines Wasser. Ich bin ein Mann, Donna. Der Name Herkules ist unsrem Hause gewöhnlich. Beim Himmel, meine Stadt und meine Herrschaft sind voll von Soldaten, und ich bin selbst einer und habe noch nicht, wie der arme König von Neapel, meine guten Kanonen dem Papste, Eurem heiligen Vater, verkauft!

Lucretia Ihr werdet diese Worte bereuen, mein Herr. Ihr vergeßt, wer ich bin ...

Alphons Ich weiß sehr gut, wer Ihr seid, und weiß sehr gut, wo Ihr seid. Ihr seid die Tochter des Papstes, aber Ihr seid nicht zu Rom; Ihr seid die Herrin von Spoleto, aber Ihr seid nicht zu Spoleto; Ihr seid das Weib, die Dienerin und Magd des Alphons, Herzogs von Ferrara, und Ihr seid zu Ferrara. *Donna Lucretia, ganz bleich vor Schrecken und Zorn, sieht den Herzog starr an und weicht langsam vor ihm zurück bis zu einem Sessel, in den sie wie gebrochen hinsinkt.* Aha! Das wundert Euch; Ihr fürchtet Euch vor mir, Donna; bisher war ich es, der Furcht vor Euch hatte. Es soll von nun an immer so sein, und um damit anzufangen, fasse ich einen von Euren Liebhabern; er stirbt.

Lucretia *mit schwacher Stimme:* Überlegen wir ein wenig, Alphons. Wenn dieser Mann der nämliche ist, der mich das Verbrechen der beleidigten Majestät begangen hat, so kann er nicht zugleich mein Geliebter sein...

Alphons Warum nicht? In einem Anfall von Zorn, Ärger, Eifersucht! Denn er ist vielleicht auch eifersüchtig, er. Übrigens, was weiß ich? Ich will, daß er sterbe. Es beliebt mir nun einmal so. Dieser Palast ist voll Soldaten, die mir ergeben sind und nur mich kennen; er kann nicht entwischen. Ihr werdet nichts hindern. Ich habe Eurer Hoheit die Wahl seines Todes überlassen; entschließt Euch.

Lucretia *die Hände ringend:* O mein Gott! mein Gott! mein Gott!

Alphons Ihr antwortet nicht? So will ich ihn im Vorzimmer mit Degenstichen töten lassen.

Er will gehen, sie faßt ihn beim Arm.

Lucretia Halt!

Alphons Wollt Ihr ihm lieber ein Glas Syrakusaner einschenken?

Lucretia Gennaro!

Alphons Er muß sterben.

Lucretia Nicht durch Degenstiche!

Alphons An der Art liegt wenig. Was wählt Ihr?

Lucretia Das Andere.

Alphons Ihr werdet Acht geben, daß Ihr Euch nicht vergreift, und ihm ein Glas aus der goldenen Flasche einschenken. Ihr kennt sie ja? Ich werde übrigens dabei sein; bildet Euch nicht ein, daß ich Euch verlassen werde.

Lucretia Ich werde tun, was Ihr wollt.

Alphons Bautista! *Der Türsteher tritt ein.* Führt den Gefangenen herein.

Lucretia Ihr seid ein abscheulicher Mensch, Herr!

Fünfte Szene

Die Nämlichen, Gennaro, die Wache

Alphons Was (höre ich), Herr Gennaro? Was Ihr heute Morgen getan, geschah aus Leichtsinn und Prahlerei und ohne böse Absicht, die Herzogin verzeiht Euch; Ihr sollt ein tapferer Mann sein. Bei meiner Mutter! wenn es sich so verhält, so könnt Ihr frei und unversehrt nach Venedig zurückkehren. Ich möchte um keinen Preis die hohe Republik Venedig um einen guten Diener und die Christenheit um einen treuen Arm bringen, der ein treues Schwert führt, wann sich in den Gewässern von Cypern oder Candia die Heiden oder die Sarazenen zeigen.

Gennaro Zur guten Stunde, Herr! Ich rechnete nicht, ich gestehe es, auf einen solchen Schluß. Ich danke Eurer Hoheit. Die Milde ist eine königliche Tugend, und Gott wird da oben dem gnädig sein, der hier unten gnädig ist.

Alphons Hauptmann, ist der Dienst der Republik gut und wie viel gewinnt Ihr dabei Jahr für Jahr?

Gennaro Ich habe einen Haufen von fünfzig Lanzen, die ich kleide und frei halte. Die hohe Republik gibt mit zweitausend Goldzechinen jährlich, ohne die Nebengefälle zu rechnen.

Alphons Und wenn ich Euch viertausend anböte, würdet Ihr Dienste bei mir nehmen?

Gennaro Unmöglich. Ich bin noch für fünf Jahre der Republik verpflichtet. Ich bin gebunden.

Alphons Wie? gebunden!

Gennaro Durch einen Eid.

Alphons *leise zu Lucretia:* Diese Leute scheinen ihre zu halten. *Laut:* Sprechen wir nicht mehr davon, Gennaro.

Gennaro Ich habe keine Niederträchtigkeit begangen, um mein Leben zu retten; aber weil Eure Hoheit mir es schenkt, so kann ich ihr jetzt Folgendes sagen. Eure Hoheit erinnert sich wohl an den Sturm auf Faenza, es sind jetzt zwei Jahre her. Der Herzog Herkules von Eiste, Euer Vater, geriet dabei in große Gefahr durch zwei Armbrustschützen des Valentinois, die im Begriff waren, ihn zu töten. Ein Soldat rettete ihm das Leben.

Alphons Ja, und man konnte diesen Soldaten nie wieder finden.

Gennaro Das war ich.

Alphons Bei Gott, mein Hauptmann, das verdient eine Belohnung. – Würdet Ihr wohl diese Börse mit Goldzechinen annehmen?

Gennaro Als wir in den Dienst der Republik Venedig traten, schwuren wir, kein Geld von fremden Souveränen anzunehmen. Indes, wenn Eure Hoheit es erlaubt, nehme ich das Geld und verteile es in meinem Namen unter die braven Soldaten da. *Er deutet auf die Wache.*

Alphons Tut es. *Gennaro nimmt die Börse.* Aber dann werdet Ihr wenigstens nach dem alten Gebrauch unserer Vorältern als guter Freund ein Glas von meinem Syrakusaner mit mir trinken.

Gennaro Recht gern, Herr!

Alphons Und ich will, daß die Herzogin selbst es Euch einschenke, um Euch als den Retter meines Vaters zu ehren. *Gennaro neigt sich und geht in den Hintergrund der Bühne, um das Gold den Soldaten auszuteilen. Der Herzog ruft:* Rustighello! *Rustighello tritt mit der Platte herein.* Stelle die Platte auf diesen Tisch. – Gut. *Er nimmt Donna Lucretia bei der Hand.* Donna, hört, was ich diesem Manne sagen werde. – Rustighello, gehe zurück und stelle dich hinter diese Türe, den bloßen Degen in der Hand. Du kommst herein, wenn du diese Schelle hörst. Geh'!

Rustighello geht und man sieht ihn sich wieder hinter die Türe stellen.

Alphons Donna, Ihr werdet diesem Jungen Manne einschenken und Acht geben, dass Ihr die goldene Flasche da nehmt.

Lucretia *bleich mit schwacher Stimme:* Ja.

Alphons Donna, Ihr werdet diesem jungen Manne . schenken und Acht geben, daß Ihr die goldene Flasche nehmt.

Lucretia *bleich mit schwacher Stimme:* Ja. – Wenn Ihr wüßtet, was Ihr in diesem Augenblicke tut, und wie entsetzlich es ist, Ihr würdet schaudern, so entmenscht Ihr auch seid, Herr!

Alphons Gebt Acht, daß ihr die Flaschen nicht verwechselt. – He, Kapitän!

Gennaro, der mit seiner Verteilung zu Ende. ist, kommt auf den Vordergnmd der Bühne zurück. Der Herzog schenkt sich aus silbernen Flasche in einen von den Bechern ein und setzt ihn an die Lippen.

Gennaro Ich bin beschämt durch so viel Güte, Herr.

Alphons Donna, schenkt dem Herrn Gennaro ein. Wie alt seid Ihr, Hauptmann?

Gennaro *nimmt den andern Becher und hält ihn der Herzogin hin:* Zwanzig Jahre.

Alphons *leise zur Herzogin, welche die silberne Flasche zu ergreifen sucht:* Die goldene Flasche, Donna! *Sie nimmt zitternd die goldene Flasche.* Ah! Ihr seid wohl verliebt?

Gennaro Wer ist es nicht ein wenig, mein Herr?

Alphons Wißt Ihr auch, Donna, daß es grausam wäre, diesen Hauptmann dem Leben, der Liebe, der Sonne ha Italiens, dem schönen Alter von zwanzig Jahren, seinem glorreichen Kriegs- und Abenteurerhandwerk, womit alle königlichen Geschlechter angefangen haben, den Festen. den Maskenbällen, dem lustigen Fasching von Venedig. wo so viele Ehemänner betrogen werden, und den sehr schönen Damen, die er noch lieben kann und die ihn lieben werden, zu entreißen? Nicht wahr, Donna? Schenkt doch dem Hauptmann ein. *Leise:* Wenn Ihr zaudert, so lasse ich Rustighello hereinkommen. *Sie schenkt Gennaro ein, ohne ein Wort zu sagen.*

Gennaro Ich danke Euch, Herr, daß Ihr mich für meine arme Mutter leben laßt.

Lucretia *bei Seite:* O entsetzlich!

Alphons *trinkt:* Auf Eure Gesundheit, Hauptmann Gennaro! Ich wünsche Euch viele Jahre.

Gennaro Herr, Gott vergelte es Euch! *Er trinkt.*

Lucretia *bei Seite:* Himmel!

Alphons *bei Seite:* Es ist geschehen! *Laut:* Ich verlasse Euch jetzt, mein Hauptmann. Ihr könnt nach Venedig abreisen, wenn Ihr wollt, *leise zu Lucretia:* Dankt mir, Donna, ich lasse Euch allein mit ihm. Ihr habt ihm noch Lebewohl zu sagen. Verlebt mit ihm, wenn

Ihr Lust habt, seine letzte Viertelstunde. *Er geht, die Wachen folgen ihm.*

Sechste Szene

Donna Lucretia, Gennaro.

Man sieht noch immer Rustighello unbeweglich hinter der verborgenen Türe im Nebenzimmer.

Lucretia Gennaro! – Ihr seid vergiftet!

Gennaro Vergiftet, Donna?

Lucretia Vergiftet!

Gennaro Das hätte ich denken sollen, – Ihr habt den Wein eingeschenkt.

Lucretia O, macht mir keine Vorwürfe, Gennaro! Entreißt mir nicht den Rest von Kraft, der mir noch bleibt und den ich noch für einige Augenblicke nötig habe. – Hört mich! Der Herzog ist eifersüchtig auf Euch, er hält Euch für meinen Liebhaber. Der Herzog ließ mir keine Wahl, als Euch von Rustighello erdolchen zu sehen, oder Euch selbst das Gift zu geben. Ein furchtbares Gift, Gennaro, ein Gift, woran der Gedanke allein jeden Italiener, der die Geschichte der letzten zwanzig Jahre kennt, erbleichen macht.

Gennaro Ja, das Gift der Borgia!

Lucretia Ihr habt davon getrunken. Niemand unter der Sonne kennt ein Gegengift für diese schreckliche Mischung, Niemand als der Papst, Herr von Valentinois und ich. Seht, dies Fläschchen, das ich immer in meinem Gürtel trage, dies Fläschchen, Gennaro, ist Leben, Gesundheit, Rettung. Nur ein Tropfen auf Eure Lippen, und seid gerettet! *Sie will das Fläschchen an die Lippen Gennaros bringen, er weicht zurück.*

Gennaro *indem er sie scharf ansieht:* Donna, was beweist mir, daß dies nicht das Gift ist?

Lucretia *sinkt vernichtet in einen Sessel:* O mein Gott, mein Gott!

Gennaro Heißt Ihr nicht Lucretia Borgia? – Meint Ihr, ich erinnerte mich nicht an den Bruder des Bajazet? Ja, ich verstehe ein wenig Geschichte! Man machte ihn auch glauben, er sei von Carl VIII. vergiftet worden, und gab ihm ein Gegengift, woran er starb, und die Hand, die ihm das Gift reichte, da ist sie, sie hält noch das Fläschchen, und der Mund, der ihm sagte: trinke! da ist er und spricht zu mir!

Lucretia O ich elendes Weib!

Gennaro Hört, Donna, ich lasse mich durch Euren Anstrich von Liebe nicht täuschen. Ihr habt eine unheilvolle Absicht mit mir. Das ist klar. Ihr müßt wissen, wer ich bin. Seht, in dem Augenblick lese ich in Eurem Gesicht, daß Ihr es wißt, und es ist leicht einzusehen, daß ein unüberwindlicher Grund Euch bestimmt, mir es niemals zu sagen. Eure Familie muß die meinige kennen, und zu dieser Stunde würdet Ihr Euch vielleicht durch meine Vergiftung nicht allein an mir rächen, sondern auch, wer weiß? an meiner Mutter.

Lucretia Eure Mutter, Gennaro! Ihr stellt sie Euch vielleicht anders vor, als sie wirklich ist. Was würdet Ihr sagen, wenn sie, wie ich, nichts als ein verbrecherisches Weib wäre?

Gennaro Lästert sie nicht! – O nein! meine Mutter ist nicht ein Weib wie Ihr, Donna Lucretia. O, mein Herz fühlt sie, meine Seele träumt sie, wie sie ist; ich habe ihr Bild, da, es wurde mit mir geboren; ich würde sie nicht lieben, wie ich sie liebe, wenn sie meiner nicht würdig wäre. Das Herz eines Sohnes täuscht sich nicht in seiner Mutter. Ich würde sie hassen, wenn sie Euch gleichen könnte. Aber, nein, nein! Es ist etwas in mir, was mir laut sagt, daß meine Mutter kein blutschänderischer, üppiger, giftmischender Teufel ist, wie ihr andern schönen Damen von jetzt. O Gott! ich weiß sicher, daß meine Mutter es ist, wenn es unter dem Himmel ein unschuldiges, tugendhaftes, heiliges Weib gibt! O, sie ist so, und nicht anders! Ihr kennt sie ohne Zweifel, Donna Lucretia, und werdet mich nicht Lügen strafen!

Lucretia Nein, dies Weib, Gennaro, diese Mutter kenne ich nicht.

Gennaro Aber vor wem spreche ich so? Was kümmern Euch, Lucretia Borgia, die Freuden und Schmerzen einer Mutter! Ihr habt niemals Kinder gehabt, wie man sagt. Ihr seid sehr glücklich; denn wißt Ihr auch, Donna, daß Eure Kinder, wenn Ihr welche hättet, Euch verleugnen würden? Welcher Unglückliche wäre so vom Himmel verlassen, daß er eine solche Mutter sich wünschte? Der Sohn der Lucretia Borgia zu sein! „Meine Mutter!" zu Lucretia Borgia zu sagen! Oh!

Lucretia Gennaro, Ihr seid vergiftet; der Herzog, der Euch tot glaubt, kann jeden Augenblick zurückkommen; ich sollte nur an Euer Heil und an Eure Flucht denken; aber Ihr sagt mir da so schreckliche Dinge, daß ich nichts vermag, als sie wie versteinert anzuhören.

Gennaro Donna ...

Lucretia Seht! wir müssen damit zu Ende kommen. Erdrückt mich, begrabt mich unter der Last Eurer Verachtung! Aber Ihr seid vergiftet, trinkt das auf der Stelle!

Gennaro Wem soll ich glauben? Der Herzog ist edel, und ich habe seinem Vater das Leben gerettet. Euch habe ich beleidigt, Ihr habt Euch an mir zu rächen.

Lucretia Mich an dir rächen, Gennaro! – Ich würde mein Leben geben, um das deinige um eine Stunde zu verlängern; ich würde all mein Blut vergießen, um dir eine Träne zu sparen; ich würde mich an den Pranger stellen, um dich auf einen Thron zu setzen; ich würde mit Höllenqualen jede deiner geringsten Freuden erkaufen; ich würde nicht zaudern, nicht murren, ich wäre glücklich, ich würde deine Füße küssen, mein Gennaro! O, du sollst nie etwas von meinem armen unseligen Herzen erfahren, als daß es voll von dir ist! – Gennaro, die Zeit drangt, das Gift wirkt, du wirst es gleich fühlen, noch ein wenig, und es ist nicht mehr Zeit. Das Leben öffnet in diesem Augenblick zwei dunkle Räume vor dir, aber der eine hat nicht soviel Minuten, als der andere Jahre. Du mußt einen von beiden wählen. Die Wahl ist schrecklich. Laß dich von mir leiten. Habe Erbarmen mit dir und mir, Gennaro! Trinke schnell, im Namen des Himmels!

Gennaro Meinetwegen. Ist ein Verbrechen darunter, so mag es auf Euer Haupt fallen. Sei, was Ihr sagt, wahr oder falsch, es verlohnt sich nicht der Mühe, so viel Worte um ein Leben zu machen. Gebt! *Er nimmt das Fläschchen und trinkt.*

Lucretia Gerettet! – Jetzt nach Venedig, so schnell dich dein Pferd trägt. Du hast Geld?

Gennaro Ja.

Lucretia Der Herzog hält dich für tot, man kann ihm leicht deine Flucht verbergen. Warte! Behalte das Fläschchen und trage es immer mit dir. In der Zeit, worin wir leben, ist Gift in jeder Mahlzeit; du besonders bist ausgesetzt. Jetzt schnell fort! *Sie zeigt ihm die verborgene Türe, die sie halb öffnet.* Steige diese Treppe hinab. Sie führt in einen Hof des Palastes Negroni. Du kannst leicht auf dem Wege entkommen. Warte nicht bis zum Morgen des nächsten Tages, warte nicht bis Sonnenuntergang, warte keine Stunde, keine halbe Stunde! Verlasse Ferrara sogleich, verlasse Ferrara, als wäre es ein brennendes Sodom, und blicke nicht hinter dich! – Lebe wohl! Warte noch einen Augenblick. Ich habe dir mein letztes Wort zu sagen, mein Gennaro.

Gennaro Sprecht, Donna.

Lucretia Ich sage dir in diesem Augenblick Lebewohl, Gennaro, um dich nie wieder zu sehen. Ich darf nicht mehr denken, dich noch manchmal auf meinem Wege zu treffen, Es war das einzige Glück, was ich auf Erden hatte. Aber das hieße dein Leben wagen. Jetzt sind wir also für immer in diesem Leben getrennt. Ach! ich weiß allzu gut, dass wir es auch in dem andern sein werden. Gennaro! wirst du mir nicht ein freundliches Wort sagen, ehe du mich so für die Ewigkeit verlässt?

Gennaro *schlägt die Augen nieder:* Donna...

Lucretia Endlich, ich habe dir das Leben gerettet!

Gennaro So sagt Ihr. Das Alles ist voll Dunkel; ich weiß nicht, was ich denken soll. Seht, Donna, ich kann Euch verzeihen, eins ausgenommen.

Lucretia Und was?

Gennaro Schwört mir bei Allem, was Euch teuer ist, bei meinem Haupt, weil Ihr mich liebt, bei dem ewigen Heil meiner Seele, schwört mir, daß Eure Verbrechen nichts mit dem Unglück meiner Mutter zu schaffen haben.

Lucretia Jedes Wort zu dir, Gennaro, ist mir heilig. Ich kann dir das nicht beschwören.

Gennaro O meine Mutter, meine Mutter! Da ist also das entsetzliche Weib, welches dein Unglück war!

Lucretia Gennaro!

Gennaro Ihr habt bekannt, Donna! Seid verflucht!

Lucretia Und du, Gennaro, sei gesegnet!

Er geht, sie sinkt ohnmächtig in den Sessel.

Zweite Abteilung

Die zweite Dekoration. Der Platz von Ferrara mit dem herzoglichen Balkon auf der einen und dem Hause des Gennaro auf der anderen Seite. Nacht

Erste Szene

Don Alphons, Rustighello, in Mäntel gehüllt

Rustighello Ja, Herr, das ging so zu. Sie gab ihn, ich weiß nicht durch welchen Trank, dem Leben zurück und ließ ihn durch den Hof des Palastes Negroni entwischen.

Alphons Und du hast es gelitten?

Rustighello Wie es hindern? Sie hatte die Türe verriegelt; ich war eingeschlossen.

Alphons Du hättest die Türe einbrechen sollen.

Rustighello Eine Türe von Eichenholz, ein Riegel von Eisen. Eine Kleinigkeit!

Alphons Was macht das! Du mußtest den Riegel sprengen, sage ich dir, du mußtest einbrechen und ihn töten.

Rustighello Erstens, gesetzt auch, ich hätte die Türe einbrechen können, so würde ihn Donna Lucretia mit ihrem Körper gedeckt haben. Ich hätte auch Donna Lucretia töten müssen.

Alphons Und? nun?

Rustighello Dazu hatte ich keinen Befehl.

Alphons Rustighello! Gute Diener begreifen die Fürsten, indem sie ihnen die Mühe sparen, Alles zu sagen.

Rustighello Und dann hätte ich Eure Hoheit mit dem Papste zu entzweien gefürchtet.

Alphons Dummkopf!

Rustighello Das war eine kitzliche Sache, Herr, die Tochter des heiligen Vaters zu töten!

Alphons Nun, konntest du nicht, ohne sie zu töten, schreien, rufen, mich benachrichtigen, ihren Liebhaber an der Flucht verhindern?

Rustighello Ja, und morgen würde Eure Hoheit sich mit Donna Lucretia versöhnt haben, und übermorgen würde Donna Lucretia mich haben hängen lassen.

Alphons Genug. Du sagtest mir, es sei noch nichts verloren.

Rustighello Nein. Ihr seht ein Licht an diesem Fenster. Der Gennaro ist noch nicht abgereist. Sein Knecht, den die Herzogin bestochen hatte, ist jetzt von mir bestochen und hat mir Alles gesagt. In diesem Augenblick wartet er auf seinen Herrn hinter der Zitadelle mit zwei gesattelten Pferden. Der Gennaro wird sogleich ausgehen, um ihn aufzusuchen.

Alphons In dem Fall stellen wir uns hinter die Ecke seines Hauses. Es ist finstere Nacht. Wir töten ihn, wenn er vorbeigeht.

Rustighello Wie es Euch beliebt.

Alphons Dein Degen ist gut?

Rustighello Ja.

Alphons Du hast einen Dolch?

Rustighello Ein Italiener ohne Dolch und eine Italienerin ohne einen Geliebten sind zwei Dinge, die man nicht leicht unter der Sonne findet.

Alphons Gut, du wirst mit beiden Händen zustoßen.

Rustighello Herr Herzog, warum laßt Ihr ihn nicht ganz einfach verhaften und nach einem Ausspruch des Fiskals hängen?

Alphons Er ist ein Untertan von Venedig; das hieße der Republik den Krieg erklären. Nein. Ein Dolchstich kommt, man weiß nicht woher, und bringt Niemand in Verlegenheit. Gift taugt noch mehr, aber es hat nicht gewirkt.

Rustighello Wollt Ihr dann, Herr, daß ich vier Sbirren hole, um ihn abzutun, ohne daß Eure Hoheit die Mühe hat, sich hinein zu mengen?

Alphons Mein Lieber, der Herr Machiavell hat mir oft gesagt, daß in solchen Fällen die Fürsten am Besten selbst ihre Geschäfte besorgen.

Rustighello Herr, ich höre Jemand kommen.

Alphons Stellen wir uns da an die Mauer.

Sie verbergen sich im Schatten unter dem Balkon.

Maffio, festlich gekleidet, tritt auf: er kommt singend und klopft an die Tur von Gennaro.

Zweite Szene

Don Alphons und Rustighello versteckt. Maffio, Gennaro

Maffio Gennaro!

Die Tür öffnet sich, Gennaro tritt auf.

Gennaro Bist du es, Maffio? Willst du hereinkommen?

Maffio Nein. Ich habe dir nur zwei Worte zu sagen. Kommst du bestimmt nicht diesen Abend mit uns zu der Fürstin Negroni?

Gennaro ich bin nicht eingeladen.

Maffio Ich werde dich vorstellen.

Gennaro Ich habe noch einen ändern Grund; ich muß dir es sagen. Ich reise ab.

Maffio Wie, du gehst?

Gennaro In einer Viertelstunde.

Maffio Warum?

Gennaro Ich werde dir es zu Venedig sagen.

Maffio Liebeshändel.

Gennaro Ja, Liebeshändel.

Maffio Du handelst nicht recht gegen mich, Gennaro. Wir haben uns geschworen, uns nie zu verlassen, uns nie zu trennen, Brüder zu sein, und nun reisest du ohne mich ab.

Gennaro Komm mit mir!

Maffio Komm lieber mit mir! Es ist viel angenehmer, die Nacht bei Tische mit schönen Weibern und fröhliche Gästen hinzubringen, als auf der Landstraße zwischen Banditen und Abstürzen.

Gennaro Du trautest diesen Morgen deiner Fürstin Negroni nicht viel.

Maffio Ich habe mich erkundigt. Jeppo hatte Recht. Sie ist eine liebenswürdige, gut gelaunte Dame, welche Verse und Musik liebt, das ist Alles. Fort, komm mit mir!

Gennaro Ich kann nicht.

Maffio In tiefer Nacht abzureisen! Willst du dich ermorden lassen?

Gennaro Sei ruhig. Lebe wohl. Viel Vergnügen.

Maffio Bruder Gennaro, mir ahnt nichts Gutes von deiner Reise.

Gennaro Bruder Maffio. mir ahnt nichts Gutes von deinem Gastmahl.

Maffio Wenn dir irgend was zustieße, ohne daß ich zugegen wäre!

Gennaro Wer weiß, ob ich mir morgen nicht vorwerfe, dich diesen Abend verlassen zu haben?

Maffio Bestimmt, trennen wir uns nicht, ein jeder gibt dem Andern ein wenig nach. Komm diesen Abend mit mir zur Negroni, und morgen bei Tagesanbruch reisen wir zusammen ab. Soll das ein Wort sein?

Gennaro Ich muß dir den Grund meiner plötzlichen Abreise erzählen, Maffio. Du magst dann beurteilen, ob ich recht habe.

Er nimmt Maffio bei Seite und spricht ihm ins Ohr.

Rustighello *unter dem Balkon leise zu Alphons:* Greifen wir an, Herr!

Alphons *leise:* Warten wir das Ende davon ab.

Maffio *bricht nach Gennaros Erzählung in Lachen aus:* Gennaro, soll ich dir sagen: du bist angeführt! Bei der ganzen Geschichte gab es weder Gift noch Gegengift. Reines Possenspiel. Die Lucretia ist toll in dich verliebt, sie wollte dich glauben machen, daß sie dir das Leben gerettet, um dich ganz sacht aus der Dankbarkeit in die Liebe schlüpfen zu lassen. Der Herzog ist ein guter Mann, unfähig, irgend jemand zu vergiften oder zu ermorden. Du hast außerdem seinem Vater das Leben gerettet, und er weiß es. Die Herzogin verlangt deine Abreise, das ist ganz einfach. Ihr Liebeshandel würde zu Venedig sich leichter fortspinnen, als zu Ferrara. Der Gemahl hindert sie doch immer ein wenig. Was das Gastmahl der Negroni anbelangt, so sage ich dir, es wird köstlich sein. Du kommst hin! Was Teufel, man muß ein wenig überlegen und nichts übertreiben. Du weißt, ich bin vorsichtig und ein guter Ratgeber. Weil es zwei oder drei berüchtigte Abendessen gab, wobei die Borgia mit sehr gutem Wein einige ihrer guten Freunde vergiftet haben, so ist dies doch kein Grund, gar nicht mehr zu Abend zu essen. Das ist kein Grund, in dem köstlichen Syrakusaner immer Gift und hinter allen schönen Fürstinnen Italiens immer Lucretia Borgia zu sehen. Gespenster und Ammenmärchen all' das! Wenn man so schließen wollte, könnten nur die Kinder an der Brust unbesorgt trinken und ruhig ihre Nahrung zu sich nehmen. Beim Herkules, Gennaro, sei ein Kind oder ein Mann. Lege dich wieder an deine Amme, oder komm zum Gastmahl.

Gennaro In der Tat, es ist etwas sonderbar, sich so des Nachts fortzumachen; es sieht aus, als fürchtete ich mich. Außerdem, wenn das Bleiben gefährlich ist, darf ich Maffio nicht allein lassen. Es mag daraus werden, was da will. Das Eine ist so gut, wie das Andere. So sei es. Du wirst mich der Fürstin Negroni vorstellen. Ich gehe mit dir.

Maffio *nimmt Ihn bei der Hand:* Bei Gott! das ist ein Freund! *Sie gehen ab. Man sieht sie nach dem Hintergrunde des Platzes zu gehen.*

Don Alphons und Rustighello treten aus ihrem Versteck hervor.

Rustighello *mit entblößtem Degen:* Ha! was wartet Ihr, Herr? Es sind nur zwei, sucht Euern Mann aus, ich nehme den andern auf mich.

Alphons Nein, Rustighello. Sie werden bei der Fürstin Negroni zu Nacht speisen, wenn ich gut unterrichtet bin... *Er unterbricht sich und scheint einen Augenblick nachzudenken, dann bricht er in Lachen aus.* Wahrhaftig! Das würde meine Sache noch besser abtun, es wäre eine drollige Geschichte. Warten wir bis morgen.

Sie gehen in den Palast zurück.

Dritte Handlung

Betrunken – Tot

Donna Lucretia Borgia – Gennaro – Gubetta – Jeppo Liveretto – Ascanio Petrucci – Maffio Orsini – Don Apostolo Gazella – Oloferno Vitellozzo – Die Fürstin Negroni

Ein prächtiger Saal des Palastes Negroni. Zur Rechten eine blinde Türe. Im Hintergrund eine große und sehr breite Flügeltüre. In der Mitte eine im Geschmack des 15.

Jahrhunderts prächtig besetzte Tafel. Kleine, schwarze in Goldbrokat gekleidete Sklaven warten auf. – Im Augenblick, wo der Vorhang aufgeht, sitzen vierzehn Gäste an der Tafel, Jeppo, Maffio, Ascanio, Oloferno, Apostolo, Gennaro, Gubetta und sieben hübsche, sehr elegant gekleidete Damen. Alle, Gennaro ausgenommen, der nachdenkend und schweigend aussieht, essen und trinken, oder lachen aus vollem Halse mit ihren Nachbarinnen.

Erste Szene

Jeppo, Maffio, Ascanio, Oloferno, Don Apostolo, Gubetta, Gennaro, Damen, Pagen

Oloferno *sein Glas in der Hand:* Es lebe der Wein von Xeres! Xeres de la Frontera ist eine Stadt des Paradieses.

Maffio *sein Glas in dar Hand:* Der Wein, den wir trinken, ist mehr wert, als die Geschichten, welche du uns erzählst, Jeppo.

Ascanio Jeppo hat die Krankheit, Geschichten zu erzählen, wenn er getrunken hat.

Apostolo Ein ander Mal war es zu Venedig bei dem hohen Dogen Barbarigo; heute ist es zu Ferrara bei der göttlichen Fürstin Negroni.

Jeppo Ein ander Mal war es eine schauerliche, heute ist es eine lustige Geschichte.

Maffio Eine lustige Geschichte, Jeppo! Wie es kam, daß Don Siliceo, ein schöner Kavalier von dreißig Jahren, der sein Erbteil im Spiel verloren hatte, die reiche Marquise Calpurnia heiratete, die achtundvierzig Frühlinge zählte. Bei dem Leibe des Bachus, du findest das lustig!

Gubetta Das ist traurig und gewöhnlich. Ein ruinierter Mann heiratet eine Ruine von einem Weibe. Das sieht man alle Tage. *Er fängt an zu essen. Von Zeit zu Zeit stehen einige von der Tafel auf und plaudern auf dem Vordergrund der Bühne, während das Gelage fortdauert.*

Negroni *zu Maffio, indem sie auf Gennaro deutet:* Herr Graf Orsini, Ihr habt da einen Freund, der sehr traurig aussieht

Maffio Er ist immer so, Donna. Ihr müßt mir verzeihen, daß ich ihn hierher brachte, obgleich Ihr ihm die Gnade einer Einladung nicht erwiesen hattet. Er ist mein Waffenbruder. Er hat mir das

Leben bei dem Sturm von Rimini gerettet. Ich habe bei dem Angriff auf die Brücke von Vicenzia einen Degenstich erhalten, der ihm galt. Wir trennen uns nie; wir leben zusammen. Ein Zigeuner hat uns vorausgesagt, daß wir am nämlichen Tage sterben würden.

Negroni *lacht:* Hat er Euch auch gesagt, ob das am Morgen oder am Abend geschehen würde?

Maffio Er sagte uns, es würde am Morgen geschehen.

Negroni *lacht stärker:* Euer Zigeuner wußte nicht, was er sagte. – Und liebt Ihr den jungen Menschen sehr?

Maffio So sehr, als ein Mann den ändern lieben kann.

Negroni Nun! Ihr genügt euch einander. Ihr seid glücklich.

Maffio Die Freundschaft füllt nicht allein das Herz aus, Donna.

Negroni Mein Gott, was denn?

Maffio Die Liebe.

Negroni Ihr habt immer die Liebe auf den Lippen.

Maffio Und Ihr die Liebe in den Augen.

Negroni Ihr seid sehr sonderbar!

Maffio Und Ihr sehr schön! *Er faßt sie um die Hüfte.*

Negroni Herr Graf Orsini, laßt mich!

Maffio Einen Kuß auf Eure Hand?

Negroni Nein! *Sie entwischt ihm.*

Gubetta *nähert sich Maffio:* Eure Sachen stehen gut bei der Fürstin.

Maffio Sie sagt immer: Nein, zu mir.

Gubetta In dem Munde eines Weibes ist das Nein der ältere Bruder des Ja.

Jeppo *gesellt sich zu ihnen, zu Maffio:* Wie findest du die Fürstin Negroni?

Maffio Anbetungswürdig. Unter uns, sie fängt an, mir ganz verzweifelt am Herzen zu nagen.

Jeppo Und ihr Gastmahl?

Maffio Eine vollständige Orgie.

Jeppo Die Fürstin ist Witwe.

Maffio Man sieht es an ihrer Munterkeit.

Jeppo Ich hoffe, du hast keinen Argwohn mehr gegen ihr Gastmahl?

Maffio Ich! Wie sollt ich! Ich war ein Narr.

Jeppo *zu Gubetta:* Herr von Belverana, Ihr würdet nicht glauben, daß Maffio sich scheute, zum Essen der Fürstin zu kommen?

Gubetta Scheute? Warum?

Jeppo Weil der Palast Negroni an den Palast Borgia stößt.

Gubetta Zum Teufel mit der Borgia! – Trinken wir!

Jeppo *leise zu Maffio:* Was mir an dem Belverana gefällt, ist daß er die Borgia nicht leiden kann.

Maffio *leise:* In der Tat, er läßt keine Gelegenheit vorbei, ohne sie mit einer ganz besondern Grazie zum Teufel zu schicken.
Dennoch, mein lieber Jeppo ...

Jeppo Nun!

Maffio Ich beobachte seit dem Anfang des Gastmahls diesen sogenannten Spanier. Er hat bis jetzt nichts als Wasser getrunken.

Jeppo Da kommt ja dein Verdacht wieder, mein guter Freund Maffio! Der Wein macht dich sonderbar monoton.

Maffio Vielleicht hast du recht. Ich bin ein Narr.

Gubetta *kommt zurück und betrachtet Maffio von Kopf bis zu Füßen:* Wißt Ihr auch, Herr Maffio, daß Ihr für ein Leben von neunzig Jahren gebaut seid und daß Ihr meinem Großvater gleicht, der dies Alter erlebte und wie ich Gil-Basilio-Fernan-Frenco-Felipe-Frasco-Fiasquito Graf von Belverana hieß?

Jeppo *leise zu Maffio:* Ich hoffe, du zweifelst jetzt nicht mehr an seiner spanischen Race. Er hat wenigstens zwanzig Taufnamen. – Welche Litanei, Herr Belverana!

Gubetta Ach unsre Eltern sind gewöhnt, uns mehr Namen bei der Taufe, als Taler bei der Hochzeit zu geben. Aber was haben sie denn da unten zu lachen? *Bei Seite:* Die Weiber müssen doch einen Vorwand zum Weggehen haben. Was tun? *Er geht zurück und setzt sich an die Tafel.*

Oloferno *trinkt:* Beim Herkules, meine Herren, ich habe nie einen herrlichern Abend verlebt! Meine Damen, versucht diesen Wein. Er ist süßer, als Lacrimae Christi, und glühender, als der Wein von Cypern. Das ist Syrakusaner meine Herren!

Gubetta *ißt:* Oloferno ist betrunken, wie es scheint.

Oloferno Meine Damen, ich muß Euch einige Verse hersagen, die ich eben gemacht habe. Ich möchte ein besserer Dichter sein, als ich bin, um so bewundernswürdige Frauen zu feiern.

Gubetta Und ich möchte reicher sein, als ich bin, um meinen Freunden solche Weiber zu geben.

Oloferno Nichts ist süßer, als eine schöne Dame und ein gutes Essen zu besingen.

Gubetta Als, die Eine zu umarmen und das Andre zu essen.

Oloferno Ja ich möchte Dichter sein. Ich möchte mich in den Himmel stürzen können. Ich wollte, ich hätte zwei Flügel...

Gubetta Von einem Fasan auf meinem Teller.

Oloferno Ich will Euch aber doch mein Sonett hersagen.

Gubetta Beim Teufe], Herr Marquis Oloferno Vitellozzo! Ich erlaube Euch, uns Euer Sonett nicht herzusagen. Wir wollen trinken!

Oloferno Ihr erlaubt mir, mein Sonett nicht herzusagen?

Gubetta Wie ich den Hunden erlaube, mich nicht zu beißen, dem Papst, mich nicht zu segnen, und den Vorübergehenden, mir keine Steine in die Rippen zu werfen.

Oloferno Teufel! Ihr beleidigt mich! Ihr Männlein von einem Spanier.

Gubetta Ich beleidige Euch nicht, großer Koloß von einem Italiener. Ich entziehe Eurem Sonett meine Aufmerksamkeit; nichts weiter. Mein Gaumen dürstet mehr nach Cypernwein, als meine Ohren nach Poesie.

Oloferno Ich will Euch Eure Ohren an die Fersen nageln, mein schäbiger Herr Castilier!

Gubetta Ihr seid ein abgeschmackter Schlingel! Pfui! Sah man jemals so einen Tölpel? Sich mit Syrakusaner zu berauschen und auszusehen, als hätte man sich an Bier besoffen!

Oloferno Wißt Ihr auch, daß ich Euch in vier Stücke hauen werde, beim Teufel!

Gubetta *während er einen Fasan zerlegt:* Das sage ich von Euch, ich zerlege nicht so gemeines Geflügel. – Meine Damen, darf ich Euch von diesem Fasan anbieten?

Oloferno *wirft sich auf ein Messer:* Bei Gott, ich will Buben die Gedärme herausreißen, und wäre er ein besserer Edelmann, als der Kaiser!

Die Damen *erheben sich:* Himmel! sie werden sich schlagen!

Die Männer Ruhig, Oloferno!

Sie entwaffnen Oloferno, der sich auf Gubetta werfen will, unterdessen entfernen sich die Damen durch die Seitentüre.

Oloferno *sich wehrend:* Beim Teufel!

Gubetta Ihr reimt so reichlich auf Teufel, mein lieber Dichter, daß Ihr diese Damen in die Flucht gejagt habt. Ihr seid sehr empfindlich und sehr ungeschickt.

Jeppo Das ist wahr. Wo zum Henker sind sie hingekommen?

Maffio Sie hatten Furcht. Beim Messerziehen die Weiber fliehen.

Ascanio Doch sie werden wieder kommen.

Oloferno *indem er Gubetta droht:* Ich werde dich morgen finden, mein kleiner Teufel Belverana.

Gubetta Morgen, sobald es Euch beliebt!

Oloferno setzt sich wankend und verdrießlich nieder.

Gubetta *bricht in Luchen aus:* Der Schwachkopf! Die schönsten Weiber aus Ferrara mit einer Messerklinge im Stiel eines Sonetts in die Flucht zu jagen! Sich über Verse zu ärgern! Ich glaube wohl, daß er Flügel hat. Das ist kein Mensch, das ist ein Vogel. Das setzt sich auf die Stange, das muß auf einer Klaue schlafen. Das Oloferno da!

Jeppo Macht Friede, Ihr Herren! Morgen, morgen könnt Ihr Euch in aller Höflichkeit die Kehlen abschneiden. Beim Jupiter, Ihr werdet Euch wenigstens wie Edelleute mit dem Degen und nicht mit Messern schlagen.

Ascanio Da fällt mir bei, was haben wir mit unsern Degen gemacht?

Apostolo Ihr vergeßt, daß man sie uns im Vorzimmer ablegen ließ.

Gubetta Und die Vorsicht war nötig, sonst hätten wir uns vor den Damen geschlagen. Ein von Taback berauschter Flamländer würde davor errötet sein.

Gennaro Eine gute Vorsicht, in der Tat.

Maffio Bei Gott, mein Bruder Gennaro, das ist das erste Wort, was du seit dem Anfang des Gastmahls sprichst; auch trinkst du nicht. Träumst du von Lucretia Borgia? Gennaro! Du hast offenbar so was von einer Liebschaft mit ihr! Sage nicht: nein!

Gennaro Gib mir zu trinken, Maffio! Ich lasse meine Freunde so wenig bei Tische, als im Feuer im Stich.

Ein schwarzer Page *zwei Flaschen in der Hand:* Meine Herren, Wein von Cypern oder von Syrakus?

Maffio Syrakusaner, der ist besser.

Der Page füllt alle Gläser.

Jeppo Hole die Pest den Oloferno! Werden die Damen nicht zurückkommen? *Er geht nach einander an die beiden Türen.* Die Türen sind von Außen verschlossen, meine Herren

Maffio Fange jetzt nicht an, deinerseits Furcht zu haben, Jeppo! Sie wollen, daß wir sie nicht verfolgen. Das ist ganz einfach.

Gennaro Trinken wir, meine Herren!

Sie stoßen mit ihren Gläsern an.

MaffioAuf deine Gesundheit, Gennaro! Mögest du deine Mutter bald wieder finden!

Gennaro Möge Gott dich erhören!

Alle trinken, Gubetta ausgenommen, der seinen Wein über die Schulter schüttet,

Maffio *leise zu Jeppo:* Jetzt, Jeppo, hab' ich es deutlich gesehen.

Jeppo *leise:* Was?

Maffio Der Spanier hat nicht getrunken.

Jeppo Nun?

Maffio Er hat seinen Wein über die Schulter geschüttet.

Jeppo Er ist betrunken, wie du.

Maffio Das ist möglich.

Gubetta Ein Trinklied, meine Herrn! Ich will Euch Trinklied singen, was so viel wert ist, als das Sonett des Marquis Oloferno. Bei dem guten alten Schädel meines Vaters schwöre ich, daß ich das Lied nicht gemacht habe, sintemal ich kein Dichter bin und nicht Geist genug habe, um sich zwei Reime am Ende eines Gedankens schnäbeln zu lassen. Da ist mein Lied. Es ist an den heiligen Peter, den Pförtner des Paradieses, gerichtet und hat den feinen Gedanken zu Grunde liegen, daß der Himmel des lieben Herrgott dem Trinker gehört.

Jeppo *leise zu Maffio:* Er ist mehr als betrunken, er ist besoffen.

Alle *Gennaro ausgenommen:* Das Lied! das Lied!

(**Gubetta** *singend:*) Kommt ein Trinker hinaufgestiegen,
Laß ihn nicht vor der Türe liegen,
Ist seine Stimme hell und klar,
Zu singen in der himmlischen Schar:
domino!

Alle *Gennaro ausgenommen:* Gloria domino!

Sie stoßen mit den Gläsern an, indem sie laut lachen; plötzlich hört man Stimmen in der Ferne in schauerlichen Tönen singend.

Stimmen von außen Sanctum et terribile nomen eius. Initium sapientiae timor domini.

Jeppo *lacht aus rollern Halse:* Hört, meine Herren! Corpo di baco! während wir Trinklieder singen, singt das Echo die Vesper.

Alle Hört!

Stimmen von außen *etwas mehr in der Nähe:* Nisi dominus custodierit civitatem, frustra vigilat, qui custodit eam.

Alle brechen in Lachen aus.

Jeppo Ganz reiner Kirchengesang.

Maffio Eine Prozession, die vorübergeht.

Gennaro Um Mitternacht! Das ist etwas spät.

Jeppo Bah! Fahrt fort, Herr von Belverana.

Stimmen von außen *indem sie näher und näher kommen:* Oculos habent, et non videbunt. Nares habent, et non odorabunt. Aures habent, et non audient.

Alle lachen stärker.

Jeppo Wie die Mönche plärren!

Maffio Sieh' doch, Gennaro, die Lampen erlöschen. Wir werden gleich im Finstern sitzen.

Die Lampen brennen düster, als wenn sie kein Öl mehr hätten.

Stimmen von außen *noch näher:* Manus habent, et non palpabunt; pedes habent, et non ambulabunt; non clamabunt in gutture suo.

Gennaro Die Stimmen scheinen sich zu nähern.

Jeppo Es ist mir, als ob die Prozession in diesem Augenblick unter unsern Fenstern wäre.

Maffio Es sind Totengebete.

Ascanio Das ist ein Leichenbegängnis.

Jeppo Trinken wir auf die Gesundheit dessen, den sie begraben.

Gubetta Wißt Ihr denn, ob es nicht mehrere sind?

Jeppo Nun denn, auf die Gesundheit von Allen!

Apostolo *zu Gubetta:* Bravo! Fahren wir fort mit unserm Gebet zum heiligen Peter.

Gubetta Sprecht doch höflicher. Man sagt zu dem Herrn: Sanct Peter, sehr ehrbarem Türsteher und wohlbestalltem Kerkermeister des Paradieses.
Er singt: Kommt ein Trinker heraufgestiegen,
Laß ihn nicht vor der Türe liegen,
Ist seine Stimme hell und klar,
Zu singen in der himmlischen Schar:
domino!

Alle Gloria domino!

Gubetta Sperr' auf das Tor, so weit du kannst,
Dem Trinker mit dem dicken Wanst,
Daß man im Himmel schwören sollt',
Es kam' ein Faß hereingerollt.

Alle *stoßen unter Gelächter mit den Gläsern an:* Gloria domino!

Die große Türe im Hintergrund öffnet sich ohne Geräusch in ihrer ganzen Breite. Man erblickt einen weiten, durch einige Fackeln erleuchteten Saal mit einem großen silbernen Kreuz im Hintergrund. Schwarze und weiße Büßende von denen man nichts als die Augen durch die Löcher ihrer Kapuzen sieht, treten in einer langen Reihe, Fackeln in den Händen, durch die große Tür ein, während sie laut und in unheimlichen Ton singen: De profundis clamavi ad te, domine! *Dann stellen sie sich schweigend zu beiden Seiten des Saales auf und bleiben daselbst unbeweglich, wie Statuen, stehen, während die jungen Edelleute sie erstaunt betrachten.*

Maffio Was soll das heißen?

Jeppo *mit gezwungenem Lachen:* Das ist ein Scherz; ich wette mein Pferd gegen ein Ferkel und meinen Namen Liveretto gegen den Namen Borgia, daß dies unsre allerliebsten Damen sind, die sich verkleidet haben, um uns auf die Probe zu stellen, und daß, wenn wir zufällig eine von diesen Kapuzen aufschlagen, wir darunter das frische und boshafte Gesicht eines schönen Weibes finden werden. Seht nur! *Er hebt lachend eine der Kapuzen auf und bleibt wie versteinert stehen, indem er darunter das gelbe Gesicht eines Mönches erblickt, der unbeweglich, die Fackel in der Hand, mit* *niedergeschlagenen Augen stehen bleibt Er läßt die Kapuze fallen und fährt zurück.* Das fängt an, seltsam zu werden!

Maffio Ich weiß nicht, warum mir das Blut in den Adern stockt.

Die Mönche *singen mit heller Stimme:* Conquassabit capita in terra multorum!

Jeppo Welch abscheuliche Falle! Unsre Degen! unsre Degen! Ha, meine Herren, wir sind bei dem Teufel!

Zweite Szene

Die Nämlichen, Donna Lucretia

Lucretia *schwarz gekleidet, erscheint plötzlich auf der Schwelle der Türe:* Ihr seid bei mir!

Alle *Gennaro ausgenommen, der in einem Winkel der Bühne zusieht, so daß ihn Lucretia nicht bemerkt:* Lucretia Borgia!

Lucretia Es sind einige Tage her, seit ihr Alle, wie ihr hier seid, triumphierend diesen Namen nanntet. Heute nennt ihr ihn mit Schauder. Ja, betrachtet mich nur mit euren schrecken-starren Augen; ich bin es, meine Herrn. Ich komme, um euch was Neues zu sagen, nämlich, daß ihr Alle vergiftet seid und daß Keiner von euch eine Stunde mehr zu leben hat. Rührt euch nicht! der anstoßende Saal ist voll Piken. Jetzt ist die Reihe an mir, jetzt ist's an mir, laut zu sprechen und euch den Kopf mit der Ferse einzutreten! Jeppo Liveretto, gehe zu deinem Onkel Vitelli, den ich in den Kellern des Vatikan erdolchen ließ! Ascanio Petrucci, besuche deinen Vetter Pandolfo, den ich ermordet habe, um ihm seine Stadt zu stehlen! Oloferno Vittelozzo, dein Onkel erwartet dich, du weißt, der Jago von Appiani, den ich bei einem Gastmahl vergiftet habe! Maffio Orsini, unterhalte dich von mir in der andern Welt mit deinem Bruder Gravina, den ich erdrosseln ließ, während er schlief! Apostolo Gazella, ich habe deinen Vater Francisco Gazella enthaupten und deinen Vetter Alphons von Aragonien ermorden lassen, wie du sagst; gehe hin zu ihnen! Bei meiner Seele! ihr habt mir einen Ball zu Venedig gegeben, ich gebe euch ein Abendessen zu Ferrara, meine Herren!

Jeppo Das ist ein hartes Erwachen, Maffio!

Maffio Wenden wir uns zu Gott!

Lucretia Ach, meine jungen Freunde vom letzten Karneval! daran dachtet ihr nicht? Wahrhaftig, ich räche mich, wie mir deucht. Was sagt ihr dazu, meine Herren? Wer versteht sich hier auf Rache? Das ist so übel nicht, meine ich! He? was haltet ihr davon?

Für ein Weib! *Zu den Mönchen:* Meine Väter, führt diese Edelleute in den anstoßenden Saal, laßt sie beichten und benutzt die wenigen Augenblicke, die sie noch übrig haben, um so viel zu retten, als noch bei Jedem von ihnen gerettet werden kann. – Meine Herren, die unter euch, welche eine Seele haben, mögen sich darnach richten. Seid unbesorgt, sie sind in guten Händen. Diese würdigen Väter sind die Mönche des heiligen Sixtus, denen unser heiliger Vater, der Papst, erlaubt hat, mich bei dergleichen Gelegenheiten zu unterstützen. – Und wie für eure Seelensorge, so sorgte ich auch für eure Leiber, seht! *Zu den Mönchen, die vor der Türe in Hintergrund stehen:* Tretet ein wenig zurück, damit diese Herren sehen. *Die Mönche weichen aus einander, so daß man fünf mit schwarzen Tüchern bedeckte Särge vor der Tür erblickt.* Grade die Zahl. Es sind doch wohl fünf? – Ach, ihr jungen Leute! ihr zerfleischt die Eingeweide eines unglücklichen Weibes, und ihr glaubt, daß sie sich nicht rächen würde. Hier ist der deinige, Jeppo; hier der deinige, Maffio; Oloferno, Apostolo, Ascanio, hier sind die eurigen!

Gennaro *den sie bisher nicht sah, tut einen Schritt vorwärts:* Ihr habt noch einen sechsten nötig, Donna!

Lucretia Himmel, Gennaro!

Gennaro Er selbst.

Lucretia Geht Alle sogleich hinaus. – Laßt uns allein. – Gubetta, laßt Niemand herein, was auch geschehen, was man auch von dem, was hier vorgeht, hören mag.

Gubetta Gut.

Die Mönche ziehen in Prozession hinaus, während sie in ihrer Reihe die fünf wankenden und bestürmten Herren fortführen.

Dritte Szene

Gennaro, Donna Lucretia

Einige erlöschende Lampen brennen im Zimmer. Die Türen sind geschlossen. Donna Lucretia und Gennaro, die allein zurückgeblieben sind, betrachten sich schweigend einige Augenblicke, als wüssten sie nicht, womit anfangen.

Lucretia *spricht zu sich selbst:* Es ist Gennaro!

Gesang der Mönche *von außen:* Nisi dominus aedificaverit domum, in vanum laborant, qui aedificant eam.

Lucretia Immer Ihr, Gennaro, immer Ihr unter all meinen Streichen! Gott im Himmel! wie seid Ihr dahinein gekommen?

Gennaro Ich ahnte Alles.

Lucretia Ihr seid abermals vergiftet, Ihr müßt sterben.

Gennaro Wenn ich will; ich habe das Gegengift.

Lucretia Ach ja! Gott sei gelobt!

Gennaro Ein Wort, Donna. Ihr seid erfahren in dergleichen. Ist Elixier genug in diesem Fläschchen, um all die Edelleute zu retten, die Eure Mönche in die Särge schleppen?

Lucretia *untersucht das Fläschchen:* Kaum genug für Euch, Gennaro.

Gennaro Ihr könnt kein anderes auf der Stelle haben?

Lucretia Ich gab Euch alles, was ich hatte.

Gennaro Gut.

Lucretia Was macht Ihr, Gennaro? Eilt Euch doch! Spielt nicht mit so entsetzlichen Dingen, man kann ein Gegengift nicht schnell genug nehmen. Trinkt, im Namen des Himmels! Mein Gott, welche Unklugheit begeht Ihr da! Bringt Euer Leben in Sicherheit, ich werde Euch zum Palast durch eine verborgene Türe, die ich kenne, hinauslassen. Alles kann noch gut werden. Es ist Nacht. Die Pferde sind gleich gesattelt. Morgen, morgen seid Ihr weit von Ferrara. Nicht wahr, es geschehen da schaudervolle Dinge? Trinkt, und dann fort! Ihr müßt leben! Ihr müßt Euch retten!

Gennaro *nimmt ein Messer vom Tisch:* Das heißt: Ihr werdet sterben, Donna!

Lucretia Wie! was sagt Ihr?

Gennaro Ich sage Euch, daß Ihr verräterischer Weise fünf Edelleute vergiftet habt, fünf meiner Freunde, meiner besten Freunde, und unter ihnen Maffio Orsini, meinen Waffenbruder, der mir das Leben zu Vicenzia gerettet hat und mit dem ich jede Beleidigung und jede Rache teile. Ich sage Euch, daß Ihr eine niederträchtige Handlung begangen habt, daß ich Maffio und die Andern rächen muß, und daß Ihr sterben werdet.

Lucretia Himmel und Erde!

Gennaro Sprecht Euer Gebet, Donna, und macht es kurz. Ich bin vergiftet, ich habe nicht Zeit zum Warten.

Lucretia Bah, das ist unmöglich! Gennaro, mich töten! Wäre das möglich?

Gennaro Das ist die reine Wahrheit, Donna, und ich schwöre Euch bei Gott, daß ich an Eurer Stelle mich schweigend zum Gebet wenden würde, mit gefalteten Händen und auf beiden Knien. – Seht, da ist ein Sessel, der ist gut dafür.

Lucretia Nein! Ich sage Euch, daß das unmöglich ist Nein! unter den schrecklichsten Gedanken, die mir durch die Seele gehen, wäre mir dieser niemals gekommen. – Ach! ach! Ihr hebt das Messer. Wartet, Gennaro, ich habe Euch etwas zu sagen.

Gennaro Schnell!

Lucretia Wirf dein Messer weg, Unglücklicher! Wirf es weg! sage ich dir! Wenn du wüßtest... Gennaro! weißt du, wer du bist! Du weißt nicht, wie nahe ich dir stehe. Muß ich dir Alles sagen? Das nämliche Blut fließt in unsern. Adern, Gennaro! Johann Borgia, Herzog von Gandia, ist dein Vater.

Gennaro Euer Bruder? Ha, Ihr seid meine Tante! Ach, Donna!

Lucretia *bei Seite:* Seine Tante!

Gennaro Ha! ich bin Euer Neffe! Ach! meine Mutter ist also diese unglückliche Herzogin von Gandia, die alle Borgia so unglücklich gemacht haben! Donna Lucretia, meine Mutter spricht mir von Euch in ihren Briefen; Ihr gehört unter die Zahl ihrer unnatürlichen Verwandten, von denen sie mir mit Schauder spricht, die meinen Vater getötet, die ihr Leben in Tränen und Blut ertränkt haben. Ha! ich habe jetzt auch noch meinen Vater zu rächen und meine Mutter vor Euch zu retten! Ha! Ihr seid meine Tante! Ich bin ein Borgia! O, das macht mich toll! – Hört mich, Donna Lucretia Borgia. Ihr habt lang genug gelebt, und tragt eine solche Last von Schandtaten, daß Ihr Euch selbst verhaßt und zum Abscheu sein müßt. Ihr habt das Leben satt, ohne Zweifel, nicht wahr? Nun gut, es muß damit ein Ende werden. In Geschlechtern, wie das unsrige, wo Verbrechen erblich ist und sich vom Vater auf den Sohn mit dem Namen fortpflanzt, geschieht es immer, daß dies Geschick sich mit einem Morde schließt, der gewöhnlich ein Verwandtenmord ist, als das letzte Verbrechen, das alle übrigen sühnt. Ein Edelmann ist nie getadelt worden, wenn er einen schlechten Ast von dem Stamme seines Hauses abschnitt. Der Spanier Mudarra hat seinen Onkel Rodrigo von Lara um weniger getötet, als Ihr begangen habt. Alle lobten diesen Spanier um den

Mord seines Onkels. Versteht Ihr, Donna? Fort! ich habe genug gesagt! Befehlt Gott Eure Seele, wenn Ihr an Gott und Eure Seele glaubt.

Lucretia Gennaro! Aus Erbarmen für dich! Du bist noch unschuldig, begehe nicht dies Verbrechen!

Gennaro Ein Verbrechen! O, mein Hirn verwirrt sich! Wäre das ein Verbrechen? Und wenn ich ein Verbrechen beginge? Bei Gott, ich bin ein Borgia! Auf die Knie! sage ich, meine Tante, auf die Knie!

Lucretia Sagst du wirklich, was du denkst, mein Gennaro? Vergiltst du mir so meine Liebe?

Gennaro Liebe!...

Lucretia Das ist unmöglich. Ich will dich vor dir selbst retten. Ich werde rufen, ich werde schreien.

Gennaro Ihr werdet diese Türe nicht öffnen. Keinen Schritt! Euer Schreien kann Euch nicht retten. Habt Ihr nicht selbst befohlen, daß Niemand herein solle, man möge außen von dem, was hier vorginge, hören, was man

Lucretia Aber es ist feig, was du tust, Gennaro. Ein Weib töten, ein wehrloses Weib! Oh, du trägst einen edleren Sinn in deiner Seele! Höre mich, töte mich dann, wenn du willst; ich hänge nicht am Leben, aber die Brust zerspringt mir, sie ist voll Qualen über die Art, womit du mich bisher behandelt hast. Du bist jung, bist ein Kind, und die Jugend ist immer zu streng. Oh! wenn ich sterben soll, so will ich doch nicht von deiner Hand sterben. Es ist unmöglich, siehst du? daß ich durch deine Hand sterbe. Du weißt nicht, wie entsetzlich das wäre. Übrigens, Gennaro, meine Stunde ist noch nicht gekommen. Es ist wahr, ich habe viele Verbrechen auf mich geladen, ich bin eine große Sünderin, und weil ich eine große Sünderin bin, muß man mir Zeit lassen, mich zu bereiten und zu bereuen. Das ist schlechterdings notwendig, verstehst du, Gennaro?

Gennaro Ihr seid meine Tante, Ihr seid die Schwester meines Vaters. Was habt Ihr mit meiner Mutter gemacht, Donna Lucretia Borgia?

Lucretia Warte! warte! Mein Gott! ich kann nicht Alles sagen. Und dann, wenn ich Alles sagte, das würde deinen Abscheu und deine Verachtung nur verdoppeln. Höre mich noch einen Augenblick.

Oh, ich wollte, du sähest mich büßend zu deinen Füßen! Du würdest mir das Leben schenken, nicht wahr? Willst du, daß ich den Schleier nehme? Willst du, daß ich mich in ein Kloster einschließe? Sieh', wenn man dir sagte: dies elende Weib hat sich das Haupt geschoren, sie schläft in der Asche, sie gräbt ihre Grube mit eigenen Händen, sie betet zu Gott Nacht und Tag, nicht für sich, die es wohl nötig hätte, sondern für dich, der du es nicht nötig hast; sie tut all das, dies Weib, damit du eines Tages auf ihr Haupt einen mitleidigen Blick senkst, damit du eine Träne auf die offnen Wunden ihrer Seele fallen läßt, damit du ihr nicht mehr mit einer Stimme so streng, als wäre sie die des letzten Gerichtes, sagst: Du bist Lucretia Borgia! Wenn man dir das sagte, Gennaro, würdest du es wagen, sie zurückzustoßen? O, Gnade! Töte mich nicht, mein Gennaro! Leben wir beide, du, um mir zu vergeben, ich, um zu bereuen! Habe etwas Mitleid mit mir! Endlich, was hilft es, ein armes, elendes Weib, das nichts als ein wenig Erbarmen will, ohne Erbarmen zu behandeln? – Ein wenig Erbarmen! Gnade! – Und dann, siehst du, mein Gennaro, ich sage dir das für dich, es wäre wahrhaftig feige, was du da tun würdest, es wäre ein abscheuliches Verbrechen, es wäre ein Mord! Ein Mann, der ein

Weib tötet! ein Mann, welcher der Stärkere ist! O, du willst das nicht! du willst das nicht!

Gennaro *erschüttert:* Donna...

Lucretia O, ich sehe wohl, ich habe Gnade gefunden! Ich lese es in deinen Augen. O, laß mich zu deinen Füßen weinen!

Eine Stimme *von außen:* Gennaro!

Gennaro Wer ruft mir?

Die Stimme Mein Bruder Gennaro!

Gennaro Das ist Maffio!

Die Stimme Gennaro! Ich sterbe! räche mich!

Gennaro *hebt das Messer:* Genug. Ich höre nichts mehr. Versteht Ihr, Donna? Ihr müßt sterben!

Lucretia *sträubt sich und hält ihm den Arm:* Gnade! Gnade! Noch ein Wort!

Gennaro Nein!

Lucretia Erbarmen! Höre mich!

Gennaro Nein!

Lucretia Im Namen des Himmels!

Gennaro Nein! *Er ersticht sie.*

Lucretia Ach!... du tötest mich! – Gennaro, ich bin deine Mutter!